# HISTÓRIA
# DO BRASIL
# CONTEMPORÂNEO

da morte de Vargas aos dias atuais

COLEÇÃO HISTÓRIA NA UNIVERSIDADE

Coordenação Jaime Pinsky e Carla Bassanezi Pinsky

ESTADOS UNIDOS *Vitor Izecksohn*

GRÉCIA E ROMA *Pedro Paulo Funari*

HISTÓRIA ANTIGA *Norberto Luiz Guarinello*

HISTÓRIA CONTEMPORÂNEA *Luís Edmundo Moraes*

HISTÓRIA CONTEMPORÂNEA 2 *Marcos Napolitano*

HISTÓRIA DA ÁFRICA *José Rivair Macedo*

HISTÓRIA DA AMÉRICA LATINA *Maria Ligia Prado* e *Gabriela Pellegrino*

HISTÓRIA DA ÁSIA *Fernando Pureza*

HISTÓRIA DO BRASIL COLÔNIA *Laima Mesgravis*

HISTÓRIA DO BRASIL CONTEMPORÂNEO *Carlos Fico*

HISTÓRIA DO BRASIL IMPÉRIO *Miriam Dolhnikoff*

HISTÓRIA DO BRASIL REPÚBLICA *Marcos Napolitano*

HISTÓRIA IBÉRICA *Ana Nemi*

HISTÓRIA MEDIEVAL *Marcelo Cândido da Silva*

HISTÓRIA MODERNA *Paulo Miceli*

PRÁTICAS DE PESQUISA EM HISTÓRIA *Tania Regina de Luca*


*Conselho da Coleção*
Marcos Napolitano
Maria Ligia Prado
Pedro Paulo Funari

Consulte nosso catálogo completo e últimos lançamentos em **www.editoracontexto.com.br.**

Carlos Fico

# HISTÓRIA DO BRASIL CONTEMPORÂNEO

## da morte de Vargas aos dias atuais

Coleção
HISTÓRIA
NA UNIVERSIDADE

*Foto de capa*
Nas ruas de Brasília, diante do Congresso Nacional, o povo se
manifesta e exige o restabelecimento das eleições diretas para
presidente da República (Arquivo/ABr)

*Montagem de capa e diagramação*
Gustavo S. Vilas Boas

*Preparação de textos*
Lilian Aquino

*Revisão*
Ana Paula Luccisano

Dados Internacionais de Catalogação na Publicação (CIP)
Angélica Ilacqua CRB-8/7057

Fico, Carlos
História do Brasil contemporâneo / Carlos Fico. –
1. ed., 6ª reimpressão. – São Paulo : Contexto, 2024.
160 p. (História na universidade)

Bibliografia
ISBN 978-85-7244-935-9

1. Brasil – História – 1930- 2. Ditadura 3. Política e governo
4. Vargas, Getúlio, 1882-1954 I. Título II. Série

| 15-1039 | CDD 981.06 |
|---|---|

Índice para catálogo sistemático:
1. Brasil – História

2024

EDITORA CONTEXTO
Diretor editorial: *Jaime Pinsky*

Rua Dr. José Elias, 520 – Alto da Lapa
05083-030 – São Paulo – SP
PABX: (11) 3832 5838
contato@editoracontexto.com.br
www.editoracontexto.com.br

# Sumário

# O suicídio de Vargas

"Atire na linha-d'água!", ordenou o ministro da Guerra, Henrique Teixeira Lott, ao comandante da Artilharia de Costa, general Correia Lima. Isso afundaria o cruzador Tamandaré, um dos principais navios de guerra da Marinha, que tentava deixar a Baía de Guanabara em direção a Santos. Sua tripulação de 1.150 homens corria sério risco, tanto quanto alguns passageiros não habituais que haviam embarcado no Arsenal da Marinha da Ilha das Cobras – inclusive o presidente da República, Carlos Luz. Tempos depois, o general Lott buscaria se justificar: "É melhor perdermos o navio com quem está a bordo do que ter guerra civil no Brasil".

A ordem foi parcialmente cumprida: os disparos dos canhões dos fortes de Copacabana e do Leme ecoaram pela cidade e assustaram os moradores da Zona Sul do Rio de Janeiro, que, temerosos, estenderam lençóis brancos nas janelas. Foi a última vez em que tiros de guerra foram ouvidos na Baía de Guanabara. O objetivo de Lott era impedir que o navio deixasse a então capital da República porque

Carlos Luz pretendia instalar o governo federal em São Paulo. Naquela manhã de sexta-feira, 11 de novembro de 1955, o Brasil vivia mais um golpe de Estado.

O Forte do Leme havia içado sinal proibindo o trânsito de navios de guerra e, como o cruzador continuava buscando a saída da baía, o Forte de Copacabana deu tiros de regulação para adverti-lo. Em seguida, tentou acertar o navio, mas errou o alvo e o tiro caiu poucos metros à frente da embarcação. Passava por ali, naquele momento, o cargueiro italiano "Roberto Paiodi" e o Tamandaré tentou emparelhar com ele buscando proteção. Ainda assim, novos tiros de enquadramento foram dados pelo Forte do Leme, que contava com obuseiros gigantes Krupp de 280 mm, mas, graças ao nevoeiro daquela manhã e à estratégia de emparelhar com o cargueiro, o cruzador conseguiu passar pelas fortalezas da Lage, de São João e de Santa Cruz, que felizmente não dispararam, pois poderiam causar danos nos bairros de Botafogo e Urca. A embarcação, comandada pelo capitão de mar e guerra Sylvio Heck, navegava lentamente, com apenas duas de suas quatro caldeiras, porque estava em manutenção de rotina. Atingia a velocidade de 8 nós quando podia chegar a 32. Ficou sob bombardeio durante 22 minutos e, finalmente, cruzou a barra e buscou o alto-mar. Apesar de contar com poderosos canhões de 152 e 127 mm, o Tamandaré não reagiu aos disparos dos fortes. Se tivesse respondido aos tiros vindos das fortalezas, teria causado a morte de civis.

Esse episódio surpreendente – que poderia ter resultado em um bombardeio de maiores proporções e até na morte do presidente da República – tem sua origem em outro evento dramático, ocorrido no ano anterior, o suicídio do presidente Getúlio Vargas, em 24 de agosto de 1954. Para compreendê-lo, é preciso recuar no tempo e procurar conhecer algo desse que terá sido um dos mais importantes – se não o mais importante – personagens da história republicana do Brasil.

Em torno do nome de Getúlio Dorneles Vargas, gaúcho nascido na cidade de São Borja, em 1882, construiu-se mitologia que lhe atribui traços de sagacidade, embora Vargas, na verdade, fosse bastante irresoluto, tendo sido beneficiado pelas circunstâncias, mais do que por sua capacidade de decisão. Era, entretanto, muito carismático e sabia conquistar a simpatia das pessoas, adotando modos de homem comum (seus passeios a pé, pelas redondezas do palácio presidencial do Catete, no Rio de Janeiro, eram aguardados com curiosidade pelas pessoas). Ficou conhecido como "Pai dos Pobres", em função de uma série de leis que decretou ou fez aprovar ao longo de seus governos em benefício dos trabalhadores. Permaneceu muitos anos no poder, fase que se tornaria conhecida como "Era Vargas", tantas foram as transformações pelas quais passou o Brasil sob o seu mando. De fato, Vargas capitaneou processo de grande modernização institucional do país, mas governou com mão de ferro, enquanto pôde, inclusive com poderes ditatoriais. Para ele, "a maior parte das reformas iniciadas e concluídas não poderia ser feita em um regime em que predominasse o interesse das conveniências políticas e das injunções partidárias". Desprezava os partidos, os políticos e a democracia. Segundo seu arqui-inimigo, Carlos Lacerda, "Getúlio era absolutamente incompatível com um regime democrático". Ademais, pode-se afirmar que a Era Vargas foi marcada por grande violência, inclusive com conflitos militares: apesar do mito de que a história do Brasil é incruenta, isto é, sem batalhas com derramamento de sangue, Vargas chegou ao poder depois de confrontos sangrentos.

Tudo se iniciou com as disputas peculiares a uma sucessão presidencial. Em 1930, se encerraria o mandato do presidente Washington Luís, eleito em 1926. Natural da cidade fluminense de Macaé, o presidente, na verdade, tinha feito toda a sua carreira política em São Paulo. Ele seria o último representante da primeira fase do período republicano da história brasileira (1889-1930), Primeira República, segundo os historiadores, ou República Velha, como a intitulariam os que o afastaram do poder em 1930.

Durante a Primeira República, o pacto conhecido como "política dos governadores" garantia o apoio recíproco entre o governo federal e os governantes estaduais: com a eleição de bancadas legislativas estaduais favoráveis ao governo federal, as elites locais, ou "oligarquias", conquistavam o apoio da Presidência da República para seus projetos. As eleições eram frequente e escandalosamente fraudadas, prática que se tornou conhecida como "eleição a bico de pena": a apuração dos votos era feita pela própria mesa eleitoral, que adulterava as atas, inventando nomes, acrescendo votos e assim por diante.

Desde 1928, Washington Luís deu sinais de que romperia o acordo tácito que havia entre as elites oligárquicas de São Paulo – cuja riqueza econômica repousava na produção de café – e de Minas Gerais, estado com o maior contingente eleitoral do país e grande produtor de leite, daí advindo a expressão "política do café com leite". São Paulo e Minas Gerais controlavam o poder nacional, alternando na Presidência da República políticos paulistas e mineiros. Washington Luís queria eleger outro paulista para o período 1930-1934 e fixou-se no nome de Júlio Prestes, presidente (como então eram chamados os governantes estaduais) de São Paulo. O presidente de Minas Gerais sentiu-se traído e, em reação, articulou-se com o Rio Grande do Sul firmando um acordo, em junho de 1929, para o lançamento de um candidato de oposição que deveria ser gaúcho. O nome do presidente do Rio Grande do Sul, Getúlio Vargas, logo se firmou. Curiosamente, Getúlio havia sido ministro da Fazenda de Washington Luís até dezembro de 1927, que se decidiu por seu nome em uma reunião com Júlio Prestes, então líder da bancada governista na Câmara dos Deputados. A indicação de Vargas para o ministério surpreendeu a todos, já que Getúlio nada entendia da matéria. Na repartição dos cargos do primeiro escalão a pasta ficara reservada a um gaúcho, supostamente o deputado Lindolfo Collor, que integrava a Comissão de Finanças da Câmara. Collor, entretanto, entrara em conflito com um dos principais apoiadores da candidatura do presidente, que, também por se julgar o verdadeiro condutor de sua política econômica, decidiu nomear Vargas.

Os integrantes da Aliança Liberal – nome adotado pelo grupo que se opunha a Washington Luís – lançaram plataforma que se baseava em críticas às práticas eleitorais corruptas da política dos governadores. Para o estabelecimento do que chamavam de "verdade eleitoral", defendiam a implantação do voto secreto. Propunham também o fim das leis repressivas – especialmente a chamada Lei Celerada, que reprimia o movimento operário e opositores em geral – e a anistia para todos os implicados nas frequentes rebeliões ocorridas até então. A Aliança Liberal assumiu um discurso de modernização, embora Vargas e o candidato a vice-presidente da chapa, o paraibano João Pessoa, tivessem suas origens políticas justamente nos esquemas oligárquicos que agora criticavam. Eles defendiam um programa de reformas, que previa o combate à seca no Nordeste e a criação de ministérios – até então inexistentes – voltados para a saúde, a educação e o trabalho. Nesse particular, acenavam com propostas de grande apelo popular ao prometerem atender a bandeiras históricas do movimento operário da Primeira República: a adoção da jornada de oito horas de trabalho, do direito a férias e do salário mínimo.

O poder do governo federal, entretanto, era muito grande. Quase todos os estados passaram a apoiar a candidatura de Júlio Prestes, de modo que a derrota nas urnas era um horizonte bastante provável para a Aliança Liberal. Em função disso, suas correntes mais radicais passaram a defender a tese de que, confirmada a derrota, deveria ser desencadeada uma ação armada para a conquista do governo federal pela força. Isso contemplaria, sobretudo, os anseios revolucionários de exaltados que vinham de rebeliões anteriores contra o regime da Primeira República e preferiam a adoção de um regime ditatorial – os "tenentistas".

## OS 18 DO FORTE ERAM 27

O tenentismo foi um movimento de inspiração militar que aconteceu aproximadamente entre 1920 e meados dos anos 1930. Seus integrantes eram oficiais de baixa patente, sobretudo tenentes, mas alguns civis também participaram. Críticos dos padrões políticos da Primeira República, contavam com apoio não organizado de setores das classes médias urbanas. Viviam grandes dificuldades profissionais e salariais (a promoção de um tenente podia demorar muitos anos). Voluntaristas, defendiam ações militares como principal forma de luta.

Eles ficaram bastante descontentes com a nomeação de um civil para o Ministério da Guerra, Pandiá Calógeras (1919-1922), feita pelo presidente Epitácio Pessoa. O candidato a sua sucessão – afinal vitorioso –, Artur Bernardes (1922-1926), havia sido acusado de ofender, em duas cartas, os militares. Bernardes negou as ofensas, as cartas se provaram falsas, mas os tenentistas passaram a lutar contra sua posse.

No início de 1922, os tenentistas começaram a planejar a derrubada de Pessoa buscando impedir a posse de Bernardes. No dia 5 de julho, algumas dezenas de oficiais estavam no Forte de Copacabana, no Rio de Janeiro. Juntamente com os soldados, somavam cerca de trezentos militares. Tiros de canhão foram ouvidos: era o início da revolta. Tropas fiéis ao governo cercaram o forte. No dia seguinte, os encouraçados Minas Gerais e São Paulo trocaram tiros com os revoltosos. Acuados, os líderes rebeldes liberaram os homens que não quisessem resistir. Muitos abandonaram o local. Restaram apenas 4 oficiais, 3 graduados, 16 soldados e 4 civis: 27 no total. Mas o cálculo errado feito pelo jornal *Gazeta de Notícias* perpetuaria a intrepidez dos "18 do Forte". Na reportagem sobre a revolta, a *Gazeta* informou que o grupo, "que se compunha de três oficiais e quinze praças", combateu "um inimigo duzentas vezes superior".

Decidiram resistir de maneira destemida: apesar do aviso de que deveriam se entregar desarmados, saíram com armas em punho determinados a combater até a morte. Deixaram o forte, alguns desertaram. O tiroteio começou na praça Serzedelo Correia, entre as ruas Barroso e Hilário de Gouveia. Oito foram mortos. Um dos líderes, Siqueira Campos, foi gravemente ferido. Foi preso, conseguiu um *habeas corpus* e exilou-se no Uruguai até 1924, quando voltou clandestinamente ao Brasil. Siqueira Campos teria importante atuação na famosa Coluna Prestes – outro movimento de inspiração tenentista que marcharia por todo o Brasil entre 1924 e 1927. Neste ano, diante dos insucessos do movimento, Campos refugiou-se em Buenos Aires. Poderia ter papel destacado na Revolução de 1930 – movimento que incorporava várias bandeiras do tenentismo –, mas morreu em acidente aéreo, em maio de 1930, antes de a revolução ser deflagrada. A antiga rua Barroso hoje leva seu nome.

A campanha eleitoral foi extremamente agitada, com rumores de intervenção militar federal no Rio Grande do Sul, prisões de tenentistas e comícios que terminavam em tiroteios. De um modo ou de outro, no dia 1º de março de 1930, os brasileiros foram às urnas para a escolha do presidente, do vice e, também, dos deputados federais e de um terço dos senadores. O candidato de Washington Luís saiu vitorioso, conquistando mais de 57% dos votos. O resultado da eleição presidencial era esperado, mas as eleições proporcionais foram questionadas. Na época, não havia tribunais eleitorais como hoje em dia. Até então, os deputados eleitos tinham de ser aprovados por uma Comissão Verificadora dos Poderes da Câmara, que, frequentemente, não diplomava candidatos oposicionistas – a chamada "degola". Por imposição de Washington Luís, foi impedida a diplomação de dezenas de deputados da Aliança Liberal de Minas Gerais e da Paraíba, estados que apoiavam Vargas, criando grande descontentamento e acirrando os ânimos em favor da opção pelas armas. Além disso, o governo federal passou a tratar com hostilidade o Rio Grande do Sul, inclusive cancelando empréstimos já aprovados. Para culminar esse clima de ânimos exaltados, em julho o candidato derrotado à vice-presidência, João Pessoa, foi assassinado em Recife. O crime decorreu de motivações pessoais e de desentendimentos regionais, mas, naquele momento, os aliancistas culparam o governo federal e transformaram João Pessoa em mártir. Com o apoio sobretudo dos tenentistas, eles acionaram uma rede nacional de conspirações preparando a ofensiva militar contra Washington Luís.

O movimento armado se iniciou no dia 3 de outubro de 1930. As batalhas foram sangrentas e resultaram na morte de muitas pessoas. Em Porto Alegre, os aliancistas tomaram as guarnições militares locais com facilidade. Ações semelhantes se deram em Minas Gerais, na Paraíba, no Ceará, em Pernambuco, no Pará e no Paraná. Colunas militares do Rio Grande do Sul marcharam rumo ao norte, objetivando conquistar Santa Catarina. O próprio Getúlio Vargas partiu de trem em direção ao Paraná como comandante em chefe do movimento, sendo aclamado, desde Porto Alegre e em todo o trajeto, como líder da "revolução". Em Ponta Grossa, foi informado de que aconteciam sublevações na capital da República – onde populares destruíam as sedes dos jornais que apoiavam Washington Luís –, levando os quartéis a exigir a renúncia do presidente, que foi deposto e preso, assumindo o poder uma junta governativa provisória. Vargas chegaria vitorioso ao Rio de Janeiro no dia 31 de outubro de 1930, sendo literalmente envolvido pela massa popular que o saudava de maneira efusiva. Da estação Central do Brasil, foi conduzido de carro diretamente ao Palácio do Catete, onde foi recebido por cadetes perfilados em continência, ouviu a execução do Hino Nacional e recebeu o governo da junta provisória.

Depois de sua chegada ao poder, Vargas suspendeu a Constituição de 1891, aposentou ministros do Supremo Tribunal Federal identificados com o regime anterior, dissolveu o Congresso Nacional, as assembleias legislativas, as câmaras municipais e afastou dirigentes estaduais e prefeitos municipais. Assumindo poderes discricionários, determinou o julgamento de "criminosos políticos".

Desde o início, Getúlio Vargas teve de administrar divergências entre correntes liberais, que demandavam uma constituinte e a democratização do país, e os exaltados tenentistas. Premiava ora um, ora outro grupo e, principalmente, adiava decisões, forte marca de sua personalidade. Entretanto, concordava com os tenentistas em um ponto principal: o regime anterior seria uma falsa democracia, com práticas eleitorais corrompidas. Restabelecer as eleições e convocar uma constituinte imediatamente levariam ao retorno das práticas da República Velha. Segundo essa lógica, seria preciso que o Brasil vivesse mais tempo sob uma ditadura – como diziam claramente os tenentistas.

Algumas promessas de campanha foram imediatamente cumpridas: o Ministério da Educação e da Saúde Pública e o Ministério do Trabalho, Indústria e Comércio foram criados ainda em 1930. Em 1932, foi aprovado o Código Eleitoral e instituída a Justiça Eleitoral. As grandes novidades foram a adoção do voto feminino e do voto secreto: até então, o voto era aberto e, sobretudo no interior, acompanhado por jagunços que pressionavam os eleitores mais pobres para que votassem de acordo com as orientações dos chefes políticos locais. A adoção da "cabina indevassável" garantia que o eleitor votaria em quem quisesse. A instituição dos tribunais eleitorais também foi importante para eliminar a "degola".

A modernização institucional aconteceria em paralelo com episódios de violência. Em São Paulo, em 1932, eclodiu uma rebelião armada – a chamada Revolução Constitucionalista – que durou meses, clamando pelo fim do período discricionário, pela reabertura do Congresso e pela adoção de uma nova constituição. Uma Assembleia Nacional Constituinte afinal instalou-se em 1933 e a nova constituição foi promulgada em julho de 1934. Teria vida curta. Em 1935, os comunistas promoveram um levante militar nas cidades de Natal, do Recife e no Rio de Janeiro. Foi uma iniciativa completamente atabalhoada que o governo dominou rapidamente, mas serviu de pretexto para o endurecimento do regime: com o beneplácito do Congresso, Vargas instituiu repressão política generalizada, não apenas contra os comunistas, mas contra qualquer opositor. Esse processo culminaria com a instalação de uma ditadura efetiva, o Estado Novo, em 1937, de coloração fascista, que duraria até 1945.

O Brasil participou da Segunda Guerra Mundial, que eclodiu justamente durante o Estado Novo, com o envio da Força Expedicionária Brasileira (FEB) à Itália. A contradição entre lutar, externamente, contra o nazismo e o fascismo e viver, internamente, uma ditadura, foi a principal causa da queda de Getúlio Vargas, que acabaria deposto pelo Alto Comando do Exército em 1945. Durante o governo de seu sucessor, Eurico Gaspar Dutra (1946-1951), que fora seu ministro da Guerra, Vargas retirou-se para sua cidade natal, São Borja, de onde sairia apenas para se tornar candidato vitorioso nas eleições presidenciais de outubro de 1950. Seu novo governo – que então surgiu de eleições democráticas – foi marcado por muitas disputas militares. Uma das principais iniciativas dessa fase, a criação da Petrobras, expressou o confronto entre "nacionalistas" e "entreguistas", isto é, lideranças contrárias e abertas à participação do capital estrangeiro. Com a pressão da campanha "O petróleo é nosso", a Petrobras recebeu o controle monopolista de todas as etapas da exploração do petróleo.

Em fevereiro de 1954, 81 oficiais superiores protestaram contra o governo com o chamado "Manifesto dos Coronéis". Reclamavam contra o desaparelhamento do Exército e a proposta de aumento do salário mínimo defendida pelo Ministério do Trabalho sob a alegação de que o salário mínimo quase atingiria os vencimentos máximos dos graduados – o que consideravam uma "subversão de todos os valores profissionais, destacando qualquer possibilidade de recrutamento para o Exército de seus quadros inferiores". As críticas ao governo se avolumaram e atingiram o auge após o atentado contra o jornalista e candidato a deputado federal Carlos Lacerda, feroz opositor de Vargas. Lacerda contava com proteção espontânea de oficiais superiores da Aeronáutica, entusiastas de sua pregação política e admiradores do brigadeiro Eduardo Gomes, que tinha reputação de herói por sua participação na Revolta de 1922, no Forte de Copacabana, quando foi ferido. O brigadeiro teve atuação militar ativa nos combates que culminaram na deposição de Washington Luís. Criador do Correio Aéreo Nacional, teve papel destacado na contenção do levante comunista de 1935.

O atentado contra Lacerda levaria o governo Vargas ao fim. No dia 5 de agosto de 1954, após fazer palestra em uma escola, Lacerda voltou de carro para sua casa, na rua Tonelero, no bairro de Copacabana, acompanhado do major Ruben Vaz. Depois de se despedirem, eles foram alvo de tiros e o major caiu mortalmente atingido. Lacerda foi ferido no pé. O brigadeiro Eduardo Gomes interferiu junto às autoridades e conseguiu que a investigação do crime fosse conduzida pela Aeronáutica, por meio de inquérito policial-militar que se instalou na base aérea do Galeão, sendo essa a origem da expressão "República do Galeão" – que designava, como se vê, esse formidável grupo de pressão antigetulista. As investigações foram comprometendo, cada vez mais, o governo. De início, descobriu-se que o táxi que havia conduzido o atirador fazia ponto nas proximidades do Palácio do Catete. Logo depois, um integrante da guarda pessoal do presidente foi acusado. Ademais, as investigações comprovaram atividades de corrupção e troca de favores patrocinadas pelo chefe da guarda, cujos arquivos foram apreendidos, o que levou Getúlio Vargas a dizer que estava em um "mar de lama" – expressão que Lacerda e outros oposicionistas usaram para criticar ainda mais seu governo.

As pressões contra Getúlio Vargas se intensificaram. No dia 13 de agosto de 1954, o deputado federal mineiro pela União Democrática Nacional (UDN), Afonso Arinos de Melo Franco, excitado com a revelação de que a guarda presidencial de Vargas estava definitivamente envolvida no atentado, deixou-se levar pela facilidade com que, algumas vezes, fazia discursos impactantes, excedendo-se em recursos retóricos que chegaram às raias da ofensa pessoal contra Vargas e sua família. A Câmara dos Deputados, que funcionava no Palácio Tiradentes, exibia, nessa fase, grandes competições retóricas, com parlamentares disputando o posto de melhor orador por meio de discursos arrebatadores. Jornalistas e políticos saudosistas, que viveram aquele período, asseguram que, posteriormente, o parlamento brasileiro conheceria fase de verdadeira decadência, com o plenário vazio e discursos desinteressantes.

Afonso Arinos se arrependeria do discurso que fez naquele dia – "provavelmente o mais violento que já proferi", diria ele no futuro – e o renegaria, mas a bancada da UDN ficou exultante. Ele tentou corrigir sua fala na versão escrita que foi publicada pelos jornais no dia seguinte, mas a Câmara dos Deputados gravava os pronunciamentos dos deputados. Arinos disse que Vargas era um grande mentiroso, "o pai supremo da fantasmagoria e da falsidade". Garantiu que, conforme as últimas descobertas, as investigações iriam além das salas públicas do Palácio do Catete, "chegando aos próprios aposentos da família presidencial". Conforme o deputado, a guarda do palácio, uma "luzida corporação de bandidos", teria tomado todas as providências para dar fuga aos criminosos. A equipe governamental de Vargas seria uma "malta de criminosos" e os negócios da República estariam sendo conduzidos "por egressos das penitenciárias ou pretendentes à cadeia". Arinos qualificou Vargas como um "velho político", comparou-o ao deus da mitologia grega que, embora sábio, sempre estava bêbado, carregado em um burro com o apoio de sátiros: um "Sileno gordo, pálido, risonho e com as mãos polpudas, tintas de sangue". Por fim, dirigiu a Vargas um apelo pungente, "como presidente e como homem", para que renunciasse:

> Eu falo a Getúlio Vargas como presidente e lhe digo: [...] presidente, houve um momento em que V. Exa. encarnou, de fato, as esperanças do povo [...]. Mas eu digo a V. Exa.: preze o Brasil que repousa na sua autoridade; preze a sua autoridade, sob a qual repousa o Brasil. Tenha a coragem de perceber que o seu governo é hoje um estuário de lama e um estuário de sangue. Observe que o seu palácio é o vasculhadouro [*sic*] da sociedade. Verifique que os desvãos da sua casa de residência são como o subsolo de uma sociedade em podridão [...] um governo que se irmana com criminosos [...]. Senhor presidente Getúlio Vargas, eu lhe falo como presidente: reflita na sua responsabilidade de presidente e tome, afinal, aquela deliberação que é a última que um presidente no seu estado pode tomar [...] E eu falo ao homem Getúlio Vargas e lhe digo: lembre-se da glória da sua terra [*referência ao Rio Grande do Sul*] e do ímpeto do seu povo [...] lembre-se, homem, de que, em seu sangue corre o sangue dos heróis e não se acumplicie com os crimes dos covardes e com a infâmia dos traidores [...] não permanecendo no governo, se não for digno desse governo que tão indignamente exerce.

No dia 23 de agosto, o Exército estava de prontidão. Marinha e Aeronáutica declararam-se em estado de alerta. Previa-se a derrubada de Vargas. Os militares exigiram sua renúncia. Depois de conturbada reunião ministerial no Catete, o país foi informado, na madrugada de 23 para 24, de que o presidente aceitara licenciar-se do cargo até a conclusão das investigações. Vargas, entretanto, após a reunião, retirou-se para seus aposentos e matou-se com um tiro no coração.

Após o suicídio, as rádios divulgaram, repetidamente, sob fundo musical dramático, a mensagem deixada pelo presidente, a chamada "carta-testamento", documento sobre cuja efetiva autoria há controvérsias. Getúlio Vargas já havia refletido muito sobre esse documento, pois diversas vezes ele pensara em suicídio, sempre que se via diante de situações-limite, como ocorreu quando as batalhas de 1930 estavam prestes a se iniciar e quando deixou Porto Alegre de trem para assumir o poder. Em 20 de novembro de 1930, apesar de vitorioso havia menos de um mês, anotou em seu diário: "Quantas vezes desejei a morte como solução da vida". A "carta-testamento" é um documento patético, de grande impacto, seguramente um dos mais conhecidos textos da história do Brasil. Nela, Vargas garantia que vinha lutando dia a dia em favor do povo, que, então, quedaria desamparado. Lamentava nada mais poder dar aos seus, "a não ser o meu sangue. Se as aves de rapina querem o sangue de alguém, querem continuar sugando o povo brasileiro, eu ofereço em holocausto a minha vida". Justificava o suicídio dizendo que, com sua morte, estaria sempre na memória do povo: "Escolho este meio de estar sempre convosco. Quando vos humilharem, sentireis minha alma sofrendo ao vosso lado". O parágrafo final, a despeito de seu indiscutível efeito retórico, expressava a grande vaidade de Getúlio Vargas:

> E aos que pensam que me derrotaram respondo com a minha vitória. Era escravo do povo e hoje me liberto para a vida eterna. Mas esse povo de quem fui escravo não mais será escravo de ninguém. Meu sacrifício ficará para sempre em sua alma e meu sangue será o preço do seu resgate. Lutei contra a espoliação do Brasil. Lutei contra a espoliação do povo. Tenho lutado de peito aberto. O ódio, as infâmias, a calúnia não abateram meu ânimo. Eu vos dei a minha vida. Agora vos ofereço a minha morte. Nada receio. Serenamente dou o primeiro passo no caminho da eternidade e saio da vida para entrar na História.

Até o suicídio, havia manifestações pedindo a renúncia de Vargas, inclusive na TV, no rádio e em jornais como *O Estado de S. Paulo*. Em frente ao Catete, centenas de curiosos esperavam sua destituição. Na Faculdade de Direito de São Paulo, os estudantes portavam um "R" (de "renúncia") na lapela. Na verdade, o governo de Vargas estava impopular, sobretudo por causa da crescente inflação e da consequente alta do custo de vida.

Esse clima de relativa insatisfação mudaria radicalmente com a notícia do suicídio e a divulgação da carta-testamento. O jornalista político Villas-Bôas Corrêa, que estava fazendo plantão na redação do *Diário de Notícias* na noite do dia 24 de agosto, conta que, na madrugada do dia 25, fez uma pausa nos trabalhos e, num botequim nas proximidades da redação, pôde ver os frequentadores comemorando a notícia de que Vargas se licenciara. Mais tarde, já pela manhã, quando caminhava pelas ruas, ouviu o locutor do famoso radiojornal *Repórter Esso* anunciando o suicídio e lendo a carta-testamento, ao mesmo tempo que presenciou a mudança de atitude das pessoas: "uma senhora [...] explodiu num ataque de ódio [...] xingando aos berros [...] os inimigos que forçaram o amigo dos pobres a pôr fim à vida". De fato, manifestações tomaram conta da cidade. Portando paus e pedras, populares percorreram o Rio tentando apedrejar símbolos da campanha antigetulista, como a Rádio Globo, a *Tribuna da Imprensa* e a embaixada norte-americana. Em outras regiões do país também houve agitações. A popularidade de Vargas, parcialmente abalada pela crise de 1954, havia sido, entretanto, solidamente construída ao longo do Estado Novo graças ao forte aparato de propaganda política coordenado pelo famoso Departamento de Imprensa e Propaganda (DIP).

O funeral de Vargas atraiu milhares de pessoas que desfilaram durante horas diante de seu corpo no Palácio do Catete. Cenas de choro convulsivo e desmaios foram frequentes. Na manhã do dia 25, o caixão foi levado ao aeroporto Santos Dumont, acompanhado por enorme cortejo, a fim de seguir para São Borja, onde o ex-presidente seria enterrado.

Muitos seriam responsabilizados pela morte de Vargas. Ainda no dia 24, logo após a notícia do suicídio, quando o deputado Afonso Arinos manifestou o seu pesar na Câmara dos Deputados, a bancada do Partido Trabalhista Brasileiro (PTB) retirou-se do plenário. O discurso do líder da UDN estava na memória de todos. Também Carlos Lacerda seria acusado pelo suicídio de Vargas, "passando de vítima a assassino", como ele mesmo disse.

Entre as motivações imediatas do suicídio, alega-se que Getúlio também ficou desgostoso com o comportamento de seu ministro da Guerra, general Zenóbio da Costa, que não se mostrou decidido a resistir aos que pediam sua renúncia. Os generais estavam insatisfeitos com a licença, queriam a renúncia, mas Zenóbio garantiu-lhes que Vargas não voltaria ao poder – praticamente uma traição, conforme interpretou a família de Getúlio.

Com o suicídio de Vargas, assumiu o poder o vice-presidente Café Filho, que se desentendera com Getúlio quando, no auge da crise de 1954, sugeriu ao presidente que ambos renunciassem: no dia 22 de agosto, ele havia discursado no Senado dando conta de sua proposta de renúncia conjunta, ato que significou seu rompimento com Vargas. Café Filho era potiguar, nascido na cidade de Natal. Foi advogado "provisionado", isto é, sem formação universitária, como permitia a legislação da época, defendendo pessoas pobres. Foi chefe de polícia da capital do Rio Grande do Norte após a Revolução de 1930. Elegeu-se deputado em 1935 e alinhou-se ao Partido Social Democrático (PSD). Foi um grande crítico das medidas repressivas implantadas após o levante comunista de 1935 e, com a ditadura, em 1937, teve de se asilar na Argentina, cujas autoridades governamentais – observando recomendações do governo brasileiro – o confinaram na cidade de Córdoba pelas críticas que Café fazia ao Estado Novo. Foi autorizado a voltar ao Brasil em 1938, mas afastou-se da política até o fim do regime autoritário. Em 1945, foi eleito deputado federal e continuou criticando Getúlio. Tornou-se famoso, no ano seguinte, por sempre encerrar seus discursos com o bordão "Lembrai-vos de 37!". Conquistou a simpatia dos jornalistas quando propôs um projeto estabelecendo o piso salarial da categoria. Graças a suas ligações com o político paulista Ademar de Barros, que apoiou a candidatura de Vargas em 1950, Café foi indicado candidato a vice-presidente da República, cargo para o qual foi eleito com 51 anos.

Café Filho, como vice-presidente no exercício da presidência, montou seu ministério com integrantes da UDN, partido que fizera forte oposição a Vargas. Havia grande expectativa em relação às eleições presidenciais, marcadas para 3 de outubro de 1955, e os grupos antigetulistas tudo fariam para impedir que getulistas voltassem ao poder. O alvo principal era Juscelino Kubitschek, candidato declarado do PSD. Juscelino governava Minas Gerais e foi o único governador que compareceu ao velório de Getúlio Vargas, além de Amaral Peixoto, genro de Getúlio que governava o estado do Rio de Janeiro.

Antevendo uma derrota eleitoral, esses grupos – abrigados, sobretudo, na UDN, partido liberal com perfil bastante conservador – passaram a defender que a futura eleição para presidente da República adotasse o sistema de maioria absoluta de votos, tese ardilosa que alteraria as regras de um jogo já em andamento. Segundo tal proposta, se nenhum candidato obtivesse maioria absoluta, o presidente seria eleito pelo Congresso Nacional. Projeto de emenda constitucional, nesse sentido, apresentado pelo senador Novais Filho, foi derrotado no início de setembro. Os udenistas associavam-se a militares antigetulistas, à frente dos quais se destacava o brigadeiro Eduardo Gomes, candidato duas vezes derrotado à Presidência da República: em 1945, quando perdeu para o ministro da Guerra de Vargas, e em 1950, quando perdeu para o próprio Getúlio. Eduardo Gomes foi um líder importante na campanha contra Vargas após o atentado a Carlos Lacerda em 1954 e, depois do suicídio do presidente, tornou-se ministro da Aeronáutica de Café Filho.

Foi na condição de ministro que, no final de 1954, o brigadeiro assinou manifesto – juntamente com os ministros da Guerra, Teixeira Lott, e da Marinha, Amorim do Valle, entre outros chefes militares – encaminhando ao presidente da República sugestão para liderar movimento de união nacional, a fim de que fosse lançado um candidato único à Presidência da República por meio de "movimento altruístico de recomposição patriótica que permita a solução do problema da sucessão presidencial".

Não havia propriamente um "problema da sucessão", exceto para a UDN, que previa mais uma derrota. Entretanto, as motivações do brigadeiro Eduardo Gomes e do almirante Amorim eram bastante diferentes das do general Lott. Os primeiros planejavam eliminar a candidatura de JK com a manobra da candidatura única, mas Lott concordara em assinar o manifesto porque o documento garantia que o candidato não seria um militar. Ele era contra a intervenção dos militares na política. O general Henrique Lott tinha fama de disciplinado, cumpridor de regulamentos, e chegava a ser extravagante quando se mostrava preocupado em excesso com pontualidade e limpeza. Enrubescia facilmente, sobretudo quando se irritava. Segundo o militar e historiador marxista Nelson Werneck Sodré, Lott era um "militar profissional em estado de pureza" e a "personificação da ingenuidade, da boa-fé, da credulidade". Foi levado ao Ministério da Guerra, como se chamava o Ministério do Exército até 1967 (e que deixaria de existir em

1999, incorporando-se o Exército na estrutura do então criado Ministério da Defesa, juntamente com a Marinha e a Aeronáutica), justamente por não ser identificado com nenhum dos grupos, getulistas ou antigetulistas, que marcavam a desagregação dos militares. Isto, apesar do sempre reiterado mito da "união das Forças Armadas". Eduardo Gomes e Amorim do Valle tentaram atrair Lott para a estratégia que planejaram: no caso da vitória de JK, as eleições seriam questionadas junto à Justiça Eleitoral, que deveria ser submetida à intensa pressão dos militares. Lott não concordou.

O principal líder civil da campanha contra JK era o deputado federal pela UDN do Distrito Federal, Carlos Lacerda, alvo do atentado da Tonelero, como vimos. Ele era dono do jornal *Tribuna da Imprensa*, no qual publicava artigos pedindo a intervenção dos militares contra a candidatura de Juscelino. Com grande capacidade de comunicação, foi pioneiro no uso político da televisão, veículo ainda pouco difundido no Brasil, inaugurando na hoje extinta TV Tupi um programa que alcançou grande sucesso durante o qual explicava didaticamente ao público, usando um quadro-negro, suas posições políticas. Segundo Lacerda, "se as Forças Armadas viessem para as ruas, já teriam vindo ao encontro do desejo de muitos, que consiste em entregar a mãos fortes a sucessão presidencial para a reorganização completa do país". Para o líder udenista, a candidatura de JK deveria ser afastada. Em uma de suas aparições da TV, antes do lançamento do nome de JK pelo diretório nacional do PSD, Lacerda fez uma previsão de impacto, em frase que se tornaria famosa, embora totalmente desmentida com o tempo: "Juscelino não será candidato. Se for candidato, não será eleito. Se for eleito, não tomará posse. Se tomar posse, não governará!"

O presidente Café Filho tentou fazer o que os militares e Lacerda queriam. Consultou alguns políticos e chamou Juscelino Kubitschek para uma conversa procurando convencê-lo a desistir da candidatura. Mostrou o manifesto dos militares a JK, mas garantiu que não o divulgaria. Café, entretanto, acabou por tratar publicamente do veto à candidatura de JK no final do mês de janeiro de 1955 durante o programa radiofônico *Hora do Brasil*. Ele acusou Juscelino de pretender "restaurar a ordem de coisas encerrada tragicamente" com o suicídio de Vargas e disse que a candidatura do mineiro havia sido lançada "sem maiores entendimentos com outras forças políticas" – como se isso fosse obrigatório. No dia seguinte, o *Correio da Manhã*, jornal simpático à candidatura de Juscelino, publicou entrevista na qual JK se mostrou altivo em frase que alcançaria notoriedade: "Deus poupou-me do sentimento do medo".

Outro componente explosivo dessa conjuntura foi a candidatura de João Goulart a vice-presidente da República pelo PTB. Na época, as regras estabeleciam que as eleições de presidente e de vice-presidente da República ocorriam separadamente, sendo possível a eleição de candidatos de chapas opostas. Mas, em dezembro de 1954, o PTB decidiu reeditar a aliança com o PSD, lançando o nome de João Goulart para vice de JK, o que deixou os antigetulistas em polvorosa. Jango — como João Goulart também era conhecido — havia sido ministro do Trabalho de Getúlio Vargas e enfurecera os grupos conservadores ao sugerir um aumento de 100% do salário mínimo, proposta que levou à sua renúncia, embora o aumento tenha sido dado por Vargas em maio de 1954. A aliança entre Juscelino e Jango reunia as duas mais importantes estruturas partidárias do período, tendo em vista a penetração do PTB no eleitorado urbano e a força do PSD no campo. A aliança PSD/PTB já havia sido vitoriosa quando da eleição de Eurico Gaspar Dutra (lançado pelo PSD), em 1945, e em 1950, quando a vitória de Getúlio Vargas (lançado pelo PTB) deveu-se, em grande parte, ao apoio informal de muitos pessedistas ao ex-ditador, em prejuízo do candidato oficial do partido, Cristiano Machado — episódio que deu origem à expressão "cristianizar", isto é, abandonar candidato oficial em favor de outro com maiores chances.

PSD, PTB e UDN eram os mais importantes partidos políticos do período compreendido entre 1945 e 1964, durante o qual, apesar de muitas atribulações, o Brasil experimentou eleições democráticas regulares. Houve eleição para presidente da República em 1945, 1950, 1955 e 1960, até que o golpe de 1964 interrompesse o processo e o regime militar extinguisse esses partidos — como veremos no capítulo "Desenvolvimento e retrocesso". Havia agremiações menores, algumas com marca ideológica clara, como o Partido Socialista Brasileiro (PSB) e o Partido Democrata Cristão (PDC), outras que atendiam a interesses regionais, como o Partido Social Progressista (PSP), liderado pelo paulista Ademar de Barros, e mesmo o clandestino, mas atuante, Partido Comunista do Brasil (PCB), criado em 1922 — e que em 1960 adotaria o nome de Partido Comunista Brasileiro, mantendo a sigla (em 1962, surgiria o dissidente PCdoB, que retomou o nome original).

Alguns analistas, até recentemente, entendiam que o sistema partidário brasileiro daquela época era frágil, e que partidos como o PSD e a UDN não teriam ideologias tão claramente definidas como os de outros países. Essa interpretação não prevalece mais: as eleições regulares eram acompanhadas com interesse pela população, que se identificava com esse ou aquele partido. O fim do PSD, do PTB e da UDN em 1965 foi um dos maiores prejuízos que a ditadura militar causou à democracia brasileira.

O PSD foi criado em 1945 a partir da reunião dos antigos interventores nomeados por Vargas durante o governo provisório após a Revolução de 1930, como Agamenon Magalhães, de Pernambuco, Amaral Peixoto, do Rio de Janeiro e Benedito Valadares, de Minas Gerais. Isso lhe dava uma grande vantagem, na medida em que esses homens controlavam as "máquinas" administrativas dos estados. O PSD tinha expressiva penetração entre o eleitorado rural e mais pobre, foi o partido com a maior bancada no Congresso Nacional e chegou a eleger dois presidentes da República (Dutra e JK).

O PTB também foi criado em 1945, a partir do movimento conhecido como "queremismo", que, no final do Estado Novo, propôs o adiamento das eleições de 1945 e a permanência de Getúlio Vargas no poder (a expressão advém da frase "Queremos Getúlio"). Defensor dos direitos sociais e trabalhistas associados a Getúlio Vargas, o PTB organizou-se com muitas dificuldades, diferentemente do PSD, mas conseguiu grande penetração entre os trabalhadores urbanos e beneficiou-se da estrutura do Ministério do Trabalho, graças à relação que estabeleceu com líderes sindicais que seguiam a orientação oficial do governo, os chamados "pelegos". Cresceria muito no período compreendido entre 1945 e 1964, inclusive em função da progressiva urbanização e industrialização do país, causando grande temor nos setores mais conservadores, que identificavam suas posições até mesmo com o comunismo. Candidatos comunistas usavam a sigla para concorrer em eleições parlamentares.

Contra o PSD e o PTB, ambos de inspiração getulista, a UDN, igualmente criada em 1945, tinha feitio liberal, mas assumiu posições conservadoras e de defesa da moralidade. Seu lema era "o preço da liberdade é a eterna vigilância", frase de Thomas Jefferson. Seus líderes, oradores famosos como Afonso Arinos de Melo Franco, Carlos Lacerda, José Bonifácio Lafayette de Andrada, entre outros, faziam oposição cerrada a Getúlio Vargas e aos getulistas, sobretudo acusando-os de corruptos e antidemocráticos. Nas campanhas presidenciais de 1945 e 1950, quando seu candidato, o brigadeiro Eduardo Gomes, foi derrotado, os comícios da UDN foram marcados por multidões agitando lenços brancos, símbolo da suposta pureza do partido que buscou ser identificado com as bandeiras do combate à corrupção e da moralização da política.

Apesar das pressões dos militares, das manobras de Café Filho e dos discursos de Carlos Lacerda, a campanha de Juscelino Kubitschek prosseguiu com muito sucesso, amparada na bem organizada seção estadual do PSD de Minas Gerais e no inegável carisma do candidato. JK tinha fama de bom administrador, havia feito uma gestão modernizadora quando prefeito da capital do estado (1940-1945), durante a qual fez muitas obras, em curto espaço de tempo, tornando-se conhecido como "prefeito furacão". Sua obra mais famosa foi a criação do polo turístico da barragem da Lagoa da Pampulha, idealizado por ele e projetado pelo arquiteto Oscar Niemeyer. Foi eleito governador de Minas Gerais em 1950 e desincompatibilizou-se do cargo em março de 1955 para concorrer à Presidência da República.

Nesse período, após o fim da Segunda Guerra Mundial em 1945, a sociedade brasileira dava-se conta, claramente, dos problemas que afligiam o país, como a miséria e o analfabetismo. Os jornais – e, a partir de então, cada vez mais, a TV – repercutiam tais problemas, faziam comparações com o estágio de desenvolvimento dos Estados Unidos e dos países europeus e cobravam soluções das autoridades. A crescente urbanização do país criava uma opinião pública que fazia demandas por serviços de transporte, de saúde pública, de saneamento básico e assim por diante. Os partidos políticos buscavam dar respostas a esses anseios. Conforme afirmou o literato Antonio Candido, entre as décadas de 1930 e 1950, transitamos de uma consciência amena do atraso brasileiro para a percepção trágica do subdesenvolvimento que marcava o país. JK soube traduzir expectativas e ocupar o espaço político que Vargas deixara vago. Viajou por todo o Brasil, com o apoio de empresários que cediam aviões, divulgando sua ousada proposta de modernização que pretendia dar ao Brasil "cinquenta anos de progresso em cinco anos de governo". Seu ambicioso "Plano de Metas" previa investimentos públicos e privados, sobretudo em energia, transportes e industrialização. Graças a sua pregação e simpatia, JK tornou-se bastante popular. Para o PSD, partido oficialista e conservador, contar com um líder popular era um ganho político expressivo.

Enquanto a campanha de JK seguia a pleno vapor, a UDN hesitava enfrentando muitos problemas internos. O Partido Democrata Cristão (PDC), tendo em vista a proposta de busca do candidato único, havia sugerido, em março de 1955, o nome do chefe do Gabinete Militar de Café Filho, general Juarez Távora – que participara das rebeliões tenentistas durante a Primeira República e chefiara, no Nordeste, as ações armadas que resultaram na deposição de Washington Luís. No início de abril, o governador paulista Jânio Quadros, que buscava afirmar-se nacionalmente, fez uma proposta a Távora: em troca de seu apoio, pedia que Café Filho nomeasse alguns paulistas para o ministério. Távora respondeu que a nomeação de ministros era competência do presidente. Café Filho, porém, concordou com o pedido de Jânio e a candidatura de Távora foi lançada. O general, entretanto, não gostou da formalização do acordo porque dois amigos seus tiveram de deixar o cargo de ministro a fim de abrir espaço para os nomes indicados pelo governador paulista. Além disso, Jânio concordara com Café sobre o nome do candidato a vice, o governador do Paraná, Bento Munhoz da Rocha, amigo do presidente, contrariando Juarez, que pretendia ouvir os partidos que o apoiariam para a escolha do vice. Surpreendentemente, Juarez Távora renunciou a sua candidatura. Munhoz da Rocha, que havia se desincompatibilizado do governo do Paraná, perdeu o cargo. Café Filho não se mostrava um articulador político habilidoso. Távora pediu exoneração da chefia do Gabinete Militar, Jânio Quadros conseguiu os ministérios da Fazenda, da Viação e a presidência do Banco do Brasil e a UDN partiu em busca de outro candidato. Fixou-se em Etelvino Lins, ex-governador de Pernambuco, mas seu nome não decolou. O partido acabou por apelar a Juarez Távora para que assumisse novamente sua candidatura. Finalmente, depois de tantas hesitações, em julho a UDN oficializou seu apoio a Távora, indicando para vice Milton Campos, presidente da legenda, pois Munhoz da Rocha havia sido "compensado" com o cargo de ministro da Agricultura.

As pressões contra a candidatura de JK continuariam. O presidente da Cruzada Brasileira Anticomunista (CBA), vice-almirante Pena Boto, exigia que o PTB e o Partido Socialista não participassem das eleições. Para Boto, que também era o comandante em chefe da Esquadra Brasileira, Juscelino não tinha condições morais para ser presidente e Goulart levaria o Brasil ao comunismo: "não podem voltar ao poder os homens que humilharam este país". As eleições não poderiam ocorrer porque, segundo Pena Boto, 80% do eleitorado não tinha discernimento nem cultura cívica e eram influenciados pela demagogia.

As ideias de que os brasileiros eram despreparados para a democracia e vítimas de demagogos assombravam militares e civis. Em maio de 1955, o presidente do Tribunal Superior Eleitoral (TSE), ministro Edgard Costa, encaminhou projeto de reforma eleitoral ao Congresso Nacional. A proposta de adoção de uma cédula oficial foi o item mais debatido. Desde 1842, não se exigia, como antes, que os eleitores assinassem as cédulas, o que permitia o voto dos analfabetos. A legislação eleitoral era ambígua em relação a eles: com a Lei Saraiva, de 1881, o eleitor deveria assinar um livro de presença depois da votação e, se não soubesse escrever, podia pedir a outro eleitor que o assinasse. A lei, entretanto, exigia que, nos futuros alistamentos, os cidadãos comprovassem saber ler. A República aboliu a exigência de renda para ser eleitor – que até então havia –, mas proibiu o voto dos analfabetos, embora tenha permitido a incorporação de eleitores analfabetos já alistados. Em 1950, deixou de ser possível o alistamento *ex officio* de eleitores, que existia desde 1932, e que consistia no envio de lista de eleitores funcionários públicos pelas respectivas repartições – o que funcionava como mecanismo de controle dos eleitores desse modo vinculados às determinações governamentais. O alistamento *ex officio* possibilitou, por exemplo, que o PTB, quando de sua criação, alistasse eleitores analfabetos.

O projeto de cédula oficial do ministro Edgard Costa criava um complicador para os analfabetos: no caso de eleições proporcionais, ao lado do nome do partido, o eleitor deveria escrever o número do seu candidato numa quadrícula ou marcá-la com "x" caso preferisse votar apenas na legenda. Segundo Costa, a cédula oficial permitiria expurgar do eleitorado os semianalfabetos. Ele concordava com a avaliação do jornal *O Estado de S. Paulo*: "sacrificam-se as populações adiantadas às conveniências dos analfabetos do interior". A UDN adotou a ideia, mas o PSD e o PTB posicionaram-se contra. Depois de muita negociação, foi adotada a cédula única apenas para a eleição majoritária. A partir de sua adoção, a Justiça Eleitoral passou a fazer a impressão da cédula e ela conteria o nome de todos os candidatos na ordem do registro das candidaturas. Partidos e candidatos, até então, podiam imprimir cédulas apenas com os seus nomes. Com a nova legislação, as agremiações que quisessem imprimi-las poderiam fazê-lo, desde que obedecessem à ordem dos nomes. Isso implicou grande prejuízo para o PSD, que já havia imprimido muitas cédulas.

No dia 5 de agosto de 1955, houve vários eventos que lembraram a morte do major-aviador Rubens Vaz no atentado da rua Tonelero. Em cerimônia no Clube da Aeronáutica, o presidente do Clube Militar, Canrobert Pereira da Costa, fez um discurso severo, clamando pela união dos militares contra a qual estariam conspirando as "forças maléficas das paixões partidárias". Sem citar diretamente JK, o general Canrobert atacou os "herdeiros políticos" do getulismo por não aceitarem a tese da candidatura única e garantiu que, após as eleições, qualquer que fosse o resultado das urnas, haveria intranquilidade e desordem. Disse também que o sistema político brasileiro era uma "mentira democrática" e que se vivia uma "pseudolegalidade imoral e corrompida".

O discurso de Canrobert era bastante sombrio, mas, no fundo, o general expressava o dilema que caracterizava a atuação do Exército na política brasileira havia bastante tempo: o conflito entre a necessidade de um comando nacional unificado em torno de propósitos propriamente militares e as dissensões que afetavam os quartéis em função das inúmeras intervenções dos militares na política. Para Canrobert, as "sucessivas revoluções, intervenções e movimentos militares [...] desde [19]22, e mesmo antes, até [19]30, 32, 35, 37, 45 e 54" eram responsáveis por "danos infligidos à disciplina, à coesão, ao espírito militar e à formação moral" dos militares. O Exército via-se como uma espécie de poder moderador, na medida em que os militares julgavam as elites civis inferiores no que diz respeito à capacidade de entendimento dos problemas nacionais. Por isso, achava legítimo interferir na política sempre que entendesse necessário.

Essa vocação intervencionista dos militares seria estimulada, mais uma vez, por Lacerda, que, ainda em agosto de 1955, publicou artigo atacando diretamente as eleições e clamando, abertamente, por um golpe militar. O deputado pediu o adiamento das eleições, a implantação do parlamentarismo e a escolha de um primeiro-ministro militar, entre outras medidas, como o fim das legendas partidárias de pouca expressão eleitoral. Tratava-se, nas palavras de Lacerda, de um "golpe de Estado, na realidade, o contragolpe contra essas monstruosas eleições que se anunciam". Visando minar a candidatura a vice-presidente de Goulart, Lacerda tentou envolvê-lo em escândalo que se tornaria conhecido como o episódio da "Carta Brandi". A carta – que se provaria uma falsificação somente após as eleições –, assinada pelo parlamentar argentino Antonio Brandi, mencionava supostas negociatas entre o governo Perón e Goulart. A comprovação de que se tratava de um documento falso não apenas desmoralizou Carlos Lacerda, como também desacreditou a tese de que os getulistas pretendiam estabelecer no Brasil um regime esquerdista apoiado em sindicatos, a suposta "república sindicalista". Mas Lacerda continuaria sustentando essa ideia, que seria usada novamente no futuro, quando do golpe de 1964.

Nada, entretanto, foi capaz de impedir a vitória da chapa Juscelino-Jango no dia 3 de outubro de 1955. A apuração era lenta e iniciou-se com Juarez à frente. Uma semana depois, com a contagem dos votos do Nordeste e Minas Gerais, Juscelino ultrapassou o candidato udenista. Desconfiada, a UDN apresentou pedidos de impugnação, alegando fraudes eleitorais. Após a proclamação dos resultados, como JK obteve apenas pouco mais de 35% dos votos válidos, seus opositores retomaram a tese da maioria absoluta. Juarez Távora conseguiu uma votação razoável, cerca de 30% dos votos válidos, mesmo tendo feito campanha por um período menor e, sobretudo, considerando-se sua absoluta falta de traquejo político. Os perdedores chegaram a sustentar que a eleição de Juscelino e Jango era inválida porque ambos teriam recebido votos dos comunistas e, por isso, tais votos deveriam ser anulados, considerando-se a votação do PCB — então na clandestinidade — na eleição presidencial de 1945, de que participara com o candidato Iedo Fiúza. Os ministros da Aeronáutica e da Marinha, Eduardo Gomes e Amorim do Valle, tentaram obter o apoio do ministro da Guerra para pressionar o TSE, mas Henrique Lott dizia-se contra a interferência dos militares na política e a mudança das regras do jogo. Todos os argumentos contrapostos à eleição apresentados pela UDN e os militares antigetulistas cairiam por terra.

A partir de meados de outubro, frustradas todas as tentativas legais de impedir a posse de JK, surgiram sinais claros de preparação de uma ação violenta. O vice-almirante Pena Boto determinou que todos os navios fossem abastecidos e fez manobras no mar, de maneira não muito discreta, sob a alegação de que eram exercícios de rotina. Embora fosse um militar da ativa com o importante posto de comandante da Esquadra, Boto usou sua condição de presidente da Cruzada Brasileira Anticomunista para, em entrevista ao jornal *O Globo*, afirmar: "é indispensável impedir que Juscelino e Jango tomem posse dos cargos para que foram indevidamente eleitos". No Exército, porém, oficiais generais tinham posição oposta, ou por terem alguma ligação com o getulismo — como era o caso do general Zenóbio da Costa —, ou por simples posição legalista, caso do ministro da Guerra de Café Filho, o general Lott. Zenóbio, na época, era inspetor-geral do Exército e integrava um grupo de militares que defendia a eleição e posse dos eleitos, o Movimento Militar Constitucionalista (MMC). Após a entrevista de Boto, Zenóbio divulgou um boletim conclamando os militares a preservar a legalidade. Afirmava que as Forças Armadas garantiriam a posse dos eleitos e dizia que a legalidade, quaisquer que fossem as circunstâncias, seria mantida pela "decisão inquebrantável da esmagadora maioria da nação e das Forças Armadas". Concluía pedindo apoio para o general Lott. O presidente Café Filho havia determinado que os militares não se pronunciassem sobre política. O boletim do inspetor-geral enfraqueceu a posição de Lott e o ministro foi obrigado a aceitar a exoneração de Zenóbio.

Manifestações políticas de militares era o que mais havia. O estopim final da crise de 1955 veio de mais um discurso político de militar. O general Canrobert, que havia chamado a atenção, em agosto, para as inúmeras intervenções dos militares na vida política brasileira, morreu em outubro vítima de câncer. Durante seu enterro, no dia 1º de novembro, o coronel Jurandir de Bizarria Mamede fez um discurso provocador atacando "a insensatez e o desvario das paixões desenfreadas que ameaçam de ruína os próprios destinos do país". Mamede qualificou o golpe de 1954 que levou Getúlio Vargas ao suicídio como um "pronunciamento extralegal, sem dúvida, mas plenamente justificado" e distorceu o discurso de agosto do falecido Canrobert sugerindo que a "vitória da minoria" era uma "indiscutível mentira democrática" e que "o voto do analfabeto, proibido por lei", era uma "pseudolegalidade patente". Lott estava presente e havia feito um discurso protocolar. Ficou furioso com a fala de Mamede e decidiu punir o coronel.

Mamede tinha uma trajetória assemelhada à de outros oficiais: apoiou a Revolução de 1930, mas, ao voltar da Itália, onde integrou o 3º Escalão da FEB durante a Segunda Guerra Mundial, tornou-se antigetulista e simpatizante da UDN. Participou, a partir de 1948, do grupo de oficiais que estruturou a Escola Superior de Guerra (ESG), tornou-se um de seus instrutores e foi um dos formuladores da chamada Doutrina de Segurança Nacional, substrato ideológico da ditadura militar que se implantaria no Brasil poucos anos depois – como veremos no próximo capítulo. Quando fez o discurso na beira do túmulo de Canrobert, Mamede estava servindo na ESG, instituição subordinada ao chefe do Estado-Maior das Forças Armadas e por isso, inicialmente, Lott julgou que a punição do coronel não poderia ser aplicada por ele. Aguardou a passagem do dia de Finados e, no dia 3, procurou o presidente da República para solicitar a punição. Foi surpreendido com a informação de que Café Filho havia sido internado, com dores no peito, supostamente em função de um infarto, sobre cuja efetividade persistiriam constantes suspeitas. Café era de fato cardíaco. Entretanto, ao que tudo indica, antevia a possibilidade de uma ação ilegal contra a posse de JK. Segundo Carlos Lacerda, ele rejeitava a ideia de liderar um golpe, em função de suas críticas ao Estado Novo.

Cinco dias depois, Café Filho comunicou que necessitava de mais tempo para se recuperar da doença e transmitiu o governo ao presidente da Câmara: na medida em que ele próprio substituíra Getúlio Vargas por ser seu vice-presidente, a próxima autoridade na linha sucessória era o deputado Carlos Luz, que foi imediatamente empossado como presidente interino. Luz havia sido eleito presidente da Câmara no início de 1955, derrotando o candidato que era apoiado por Juscelino Kubitschek.

Logo passaram a circular boatos de que o novo presidente demitiria o general Lott como etapa inicial de uma manobra golpista que impediria a posse de Juscelino Kubitschek. No dia seguinte, 9 de novembro, Lott encontrou-se com Carlos Luz para pedir a punição de Mamede. O presidente interino alegou que não poderia decidir sem ouvir o procurador-geral da República. Lott perdeu a paciência, acusou Carlos Luz de querer impedir a posse de JK e disse que não seria ministro de um governo golpista.

A crise estava inteiramente instaurada. Na manhã desse mesmo dia 9, a *Tribuna da Imprensa* havia publicado mais um artigo de Lacerda com o insolente título de "Não podem tomar posse". No texto, o deputado mostrava, uma vez mais, o seu gosto pelas anáforas: "Esses homens não podem tomar posse, não devem tomar posse, não tomarão posse". Ao longo da tarde, Lott foi dado como demissionário, mas o ministro aguardava a resposta de Carlos Luz, que acabou por marcar uma reunião com ele para o dia seguinte às dezoito horas. Luz planejou humilhar Lott, na expectativa de que o general se demitisse, fazendo com que ele aguardasse muito tempo num salão do Palácio do Catete – afinal, todos conheciam a preocupação do general com a pontualidade. Lott esperou pacientemente. A Rádio Nacional, por ordem do Catete, informava ao vivo sobre a constrangedora espera. Finalmente recebido, Luz e Lott tiveram diálogo desagradável. O presidente disse que a punição de Mamede era indevida e o ministro pediu demissão. Seria substituído pelo general Fiúza de Castro e a transmissão do cargo ficou marcada para o dia seguinte, 11 de novembro, às quinze horas.

Lott foi para casa disposto a transmitir o cargo, mas, convencido pelo marechal Odílio Denis, comandante da Zona Militar do Leste, que era seu vizinho, resolveu agir. Vários generais estavam reunidos na casa de Denis e apoiaram a decisão. Além da questão da legalidade da posse de JK, outros componentes os estimulavam: um coronel estava "derrubando" um general. Além disso, a espera a que Carlos Luz submeteu Lott terminou por humilhar o próprio Exército. Ademais, havia um conflito potencial entre as três forças, já que os ministros da Aeronáutica e da Marinha eram favoráveis à tese da ilegalidade da eleição de JK. Lott seguiu de madrugada para o Ministério da Guerra e ordenou que o Palácio do Catete fosse cercado. Tropas do Exército rapidamente tomaram os pontos estratégicos da capital da República. Fiúza foi preso. Carlos Luz, virtualmente deposto, resolveu refugiar-se no Ministério da Marinha juntamente com alguns ministros e o deputado Carlos Lacerda. O presidente interino dizia que tinha sido traído e que não se entregaria. Decidiu deixar o Rio e dirigir-se para São Paulo, pois supunha ser possível instalar lá o seu governo, já que o ministro da Marinha o informara de que os fortes de Santos permaneciam fiéis a ele.

Essa é a razão de o grupo ter decidido embarcar no cruzador Tamandaré. Estavam a bordo, além de Carlos Luz, os ministros Prado Kelly (Justiça), Marcondes Ferraz (Viação), Munhoz da Rocha (Agricultura), os chefes do Gabinete Civil, Monteiro de Castro, do Gabinete Militar, José Canavarro, e o deputado Carlos Lacerda. O extremado Pena Boto, igualmente a bordo, havia determinado que a Marinha entrasse em prontidão no dia 11, mobilizando 9 destróieres, o cruzador Barroso e o próprio Tamandaré. Por volta das treze horas do dia 11, ele expedira uma ordem do dia na qual registrou que o objetivo do navio era instalar o governo fora do Rio, "onde fosse possível resistir com eficácia ao golpe militar que fora desfechado pela madrugada contra a ordem constitucional [...] [por meio de] assalto e ocupação do palácio sede do governo [e da] frustrada tentativa de prisão do presidente legal e constitucional da República".

Como vimos, Lott não hesitou em mandar atirar no navio, pondo em risco a vida dos embarcados, mas o Tamandaré escapou e não reagiu. Carlos Luz, entretanto, logo percebeu que havia sido derrotado. O governador de São Paulo, de quem dependia a instalação do governo federal em Santos, não se definiu em relação ao apoio. Além disso, durante a tarde do dia 11, a Câmara e o Senado declararam o impedimento de Carlos Luz e, em consequência, o vice-presidente do Senado, Nereu Ramos, tomou posse como novo presidente da República – o terceiro em 15 meses desde o suicídio de Getúlio Vargas. Segundo a Constituição de 1946, o vice-presidente da República presidia o Senado. Na ausência deste, o vice-presidente do Senado era quem deveria assumir o poder. À noite, Luz reuniu seus companheiros no navio e decidiu desistir. Determinou que o Tamandaré retornasse ao Rio e escreveu a Eduardo Gomes – que havia se deslocado para São Paulo – e ao ministro da Marinha para que cessassem a resistência. Na manhã do dia 13, um domingo, quem passava pela praia de Copacabana pôde ver a tripulação no convés do cruzador cantando o hino da Marinha, o "Cisne Branco". Mamede e Canavarro foram presos, Carlos Lacerda conseguiu asilo em Cuba (antes de este país se tornar comunista) e Luz renunciou à presidência da Câmara dos Deputados. Café Filho, passada a tormenta, foi dado por recuperado pelos seus médicos e decidiu reassumir a Presidência da República, mas a Câmara e o Senado, sob intensa pressão de Lott, declararam que ele não era mais o presidente. Lott classificou a derrubada do presidente interino e a definitiva interdição de Café Filho como movimento de "retorno aos quadros constitucionais vigentes". Foi, na verdade, um golpe de Estado duplo, apesar de ter o propósito de garantir a posse do presidente legitimamente eleito.

Esses episódios davam prova da grande fragilidade institucional da incipiente democracia brasileira, a "crise permanente das instituições", como disse Afonso Arinos de Melo Franco, ou a "melancólica trajetória nacional", de acordo com o historiador Francisco Iglésias. Em 1955, para garantir algo aparentemente simples – a posse do presidente eleito –, foi necessário um ato ilegal de força. Episódios rocambolescos, como o do Tamandaré, e declarações subversivas, como as de Pena Boto e Carlos Lacerda, evidenciavam o desapego à democracia desses quadros políticos. Ironicamente, para garantir a legalidade, Nereu Ramos, a partir de 14 de novembro, governou sob estado de sítio e com a imprensa censurada. Nos 30 anos seguintes, o Brasil viveria os rescaldos desse ano crítico.

# Desenvolvimento e retrocesso

Durante o governo de Café Filho, a economia brasileira enfrentou graves problemas. No início de seu imprevisível mandato, o sucessor de Vargas tentou implementar rigorosa política de saneamento financeiro nomeando o economista Eugênio Gudin – adepto de medidas ortodoxas – para o Ministério da Fazenda. Gudin tinha razoável prestígio no mercado internacional, importante para que tentasse negociar os compromissos brasileiros no exterior. A moeda nacional se desvalorizava justamente porque o país não conseguia pagar o que devia. O preço do café caíra muito em 1954, afetando as exportações do produto. Apesar do renome internacional de Gudin, os empréstimos que conseguiu em Washington representavam apenas a metade do que supunha ser necessário. Obteve algo mais com bancos privados, oferecendo como garantia as reservas brasileiras em ouro.

Buscando investimentos no exterior, ele optou por favorecer a entrada de capitais estrangeiros estimulando a importação de equipamentos sem "cobertura cambial", isto é, sem a remessa de dólares. Essa possibilidade foi estabelecida pela "Instrução 113" da Superintendência da Moeda e do Crédito (Sumoc), autoridade monetária brasileira anterior à criação de um banco central em nosso país.

Gudin tentou controlar o déficit e a inflação com um programa de estabilização clássico: controle dos gastos públicos (um corte de 36% do orçamento) e contração monetária – esta última por meio do aumento dos depósitos bancários compulsórios (valor que os bancos obrigatoriamente depositam na autoridade monetária do país). Gudin limitou a capacidade de empréstimos do Banco do Brasil, identificado como o principal responsável pela expansão do crédito. Mas o ministro fracassaria ante a oposição dos produtores de café, insatisfeitos com suas políticas restritivas. Foi nesse contexto que Jânio Quadros, governador do estado de São Paulo, principal produtor de café, forçou a troca do ministro da Fazenda – como vimos no capítulo "O suicídio de Vargas". O novo ministro, o banqueiro paulistano José Maria Whitaker, aplacou os ânimos dos produtores paulistas de café e tentou implementar política cambial que previa a desvalorização da moeda nacional (na época, o dinheiro brasileiro chamava-se cruzeiro) e o fim do regime de taxas múltiplas de câmbio – arranjo que permitia ao governo favorecer a importação de produtos essenciais.

O fato é que o governo Café Filho era absolutamente transitório e, como vimos, vítima de tremenda crise política, que terminou por ser mais ameaçadora do que a crônica instabilidade econômico-financeira do Brasil. Seu governo – de algum modo inspirado pela UDN – foi uma interrupção do projeto de industrialização iniciado por Vargas, que havia apostado nas estatais. JK retomaria esse projeto, mas com algumas modificações.

Sob o governo de Juscelino Kubitschek, a industrialização seria baseada nos bens de consumo duráveis. JK se beneficiou da retomada econômica dos países europeus, então plenamente recuperados após a Segunda Guerra Mundial. No passado, Vargas pudera negociar o apoio do Brasil aos países aliados em troca de benefícios norte-americanos para a indústria brasileira. Juscelino faria algo parecido: manteve-se alinhado aos Estados Unidos, mas demandou o apoio norte-americano por meio de iniciativas diplomáticas incisivas e, talvez mais importante, abriu a economia brasileira aos capitais estrangeiros europeus – o que certamente chamou a atenção das empresas e do governo norte-americano.

Juscelino não parecia interessado em fazer ajustes na economia. No início de seu governo, um programa de estabilização monetária e ajuste cambial, assemelhado ao de Eugênio Gudin, foi sugerido a ele pelos economistas Lucas Lopes e Roberto Campos, mas JK o descartou porque estava decidido a liderar uma fase de grandes investimentos e industrialização. Este propósito se traduziu em seu Plano de Metas – que estabelecia uma série de objetivos concretos a serem alcançados até o final de seu governo. O plano definiu 30 metas específicas nos campos da energia, transportes, alimentação, indústrias de base e educação. Os investimentos em transporte e energia – marca do governo de Juscelino em Minas Gerais – somariam mais de 70% do total previsto pelo plano. A meta n. 1, por exemplo, tratava da energia elétrica e estabelecia como objetivo a elevação da potência instalada de 3 para 5 milhões de kW; a de n. 9, relativa a rodovias, determinava a construção de 12.000 km de estradas até 1960, e a meta 19, que tratava da siderurgia, propunha duplicar a produção de aço em lingotes (de 1 para 2 milhões de toneladas).

No final dos anos 1950, havia oferta excessiva de café no mercado internacional. Por isso, as exportações não iam bem, de modo que Juscelino teve de lidar com falta de recursos para importações. O presidente recorreria ao capital estrangeiro e a empréstimos públicos e privados. Havia condições favoráveis para isso no exterior em função da competição entre indústrias norte-americanas e europeias. A Instrução 113 da Sumoc, de Gudin, foi instrumento importante para o Plano de Metas ao facilitar o ingresso de equipamentos para as empresas associadas ao capital estrangeiro. O Brasil recebeu US$ 565 milhões em investimentos diretos, boa parte graças à Instrução 113, por meio da importação de máquinas, veículos e equipamentos em geral. A dívida externa, portanto, cresceu: de menos de US$ 2 bilhões em 1955, passaria a US$ 2,7 bilhões em 1960. O crescimento não foi tão grande, mas o "perfil da dívida" era um problema: a maior parte era de curto prazo, devendo ser paga em até três anos. O sucessor de JK receberia a conta.

O Plano de Metas foi a primeira iniciativa brasileira mais sólida de planejamento econômico e, mais especificamente, de industrialização. No passado, havia funcionado a Comissão Mista Brasil-Estados Unidos (1950-1953), resultado dos insistentes apelos do Brasil no sentido de obter alguma ajuda do governo norte-americano após a participação de nosso país na Segunda Guerra Mundial – o que nos tornava, supostamente, um aliado "especial" dos EUA. A comissão tinha o propósito de selecionar projetos de financiamento que seriam implementados pelo Banco Mundial e o Eximbank, mas a política nacionalista de Getúlio Vargas impediu a realização de qualquer proposta mais concreta. Ainda assim, a comissão foi importante. O Brasil carecia de pessoal qualificado, técnicos de alto nível capazes de fazer projetos competitivos junto às agências de financiamento. Por vezes, até mesmo os diagnósticos dos problemas eram frágeis. Tomando por base os estudos bem fundamentados da comissão, o Banco Nacional de Desenvolvimento Econômico (BNDE), criado em 1952, privilegiou iniciativas mais qualificadas em termos de auxílio técnico e financiamento.

A concepção do Plano de Metas considerava o diagnóstico do economista Roberto Campos segundo o qual haveria "pontos de estrangulamento" na economia nacional que deveriam ser eliminados. Mas prevaleceu o pensamento da Comissão Econômica para a América Latina (Cepal, órgão da Organização das Nações Unidas – ONU – criado em 1948) e a concepção extensiva de planejamento do economista brasileiro Celso Furtado, um dos diretores da Cepal. Para ele, além dos "gargalos" apontados por Campos, haveria pontos de "germinação", de modo que os investimentos também deveriam se voltar para polos de crescimento (não apenas para as áreas problemáticas identificadas por Campos). Campos e Furtado estavam em posições políticas opostas: o primeiro, conservador; o segundo, à esquerda. Ambos, porém, dedicaram suas vidas à elaboração de diagnósticos sobre nossos problemas econômicos e à construção de propostas para a superação do subdesenvolvimento. Um dos exercícios mais interessantes para compreendermos nosso país é a leitura das biografias desses dois homens, Roberto Campos e Celso Furtado. Para Celso Furtado, era necessário implementar "políticas voluntaristas de industrialização". Tais políticas consistiam na adoção de uma estratégia de substituição de produtos anteriormente importados por bens de consumo aqui produzidos e, em seguida, na produção de itens intermediários e de bens de consumo duráveis. Finalmente, atingiríamos a produção de bens de capital.

Quando JK chegou à presidência em 1956, havia larga margem para crescimento econômico, em geral, e industrial, em particular. O setor automobilístico no Brasil, por exemplo, não conseguia expandir-se em função das restrições às importações. Até então, os automóveis que rodavam pelas estradas brasileiras dependiam inteiramente de importações, como os velhos "Ford Pé de Bode" ou "Ford Bigode", montados aqui pela companhia norte-americana desde 1929. O notável impulso da indústria de automóveis, caminhões e motores foi a grande marca do Plano de Metas.

O plano definiu investimentos muito expressivos na precária rede de estradas então existentes a fim de que se tornasse viável o crescimento da indústria automobilística. Não por acaso, um dos mais conhecidos "grupos executivos" do Plano de Metas era o "Grupo Executivo da Indústria Automobilística" (Geia). Esses "grupos executivos" compunham o que se tornou conhecido como "administração paralela": logo no primeiro dia de seu governo, JK criou o Conselho do Desenvolvimento Econômico, que cuidaria da coordenação geral do plano. Além do conselho, foram criados "grupos de trabalho", responsáveis pelo estudo das metas específicas, e "grupos executivos", articulando administração pública e iniciativa privada e voltados para a implementação efetiva dos projetos. Os grupos eram integrados por técnicos, especialistas e executivos empresariais conhecedores de cada ramo. Alguns desses técnicos haviam participado da Comissão Mista Brasil-Estados Unidos e, com isso, o plano ganhou agilidade, ultrapassando a burocracia dos órgãos tradicionais que, não obstante, continuaram a atender à distribuição política de cargos. Esse balanceamento permitiu que o plano fosse conduzido com a celeridade que JK demandava, sem que fossem criados atritos com os órgãos existentes da administração formal. Os resultados foram expressivos. Boa parte das metas foi alcançada ou superada. Em relação aos exemplos anteriormente citados, temos que a meta n. 1, relativa à energia elétrica, foi quase integralmente alcançada (95,4%); no que se refere às rodovias (meta n. 9), as expectativas foram superadas em 24,8%; a meta n. 19, sobre siderurgia, também foi superada em 14%.

Além do Plano de Metas, Juscelino Kubitschek conseguiu construir e inaugurar a nova capital do país, Brasília. Em maio de 1957, JK mandou celebrar a primeira missa na cidade ainda em construção. Deslocou-se para lá com ministros, o cardeal de São Paulo e cerca de 400 convidados. Na celebração, um menino foi batizado com o nome de Brasílio. Também estavam presentes cerca de 30 índios carajás, referência direta à Primeira Missa do Brasil, em 1500, retratada em quadro de Victor Meireles, no qual aparecem índios assistindo, admirados, à cerimônia. A mudança da capital para o interior do país vinha sendo discutida desde o período colonial. A

Constituição de 1891 previa a mudança e as expectativas – que se mostrariam corretas – eram de que a nova capital promovesse o desenvolvimento da região Centro-Oeste. Brasília foi considerada a "meta-símbolo" ou "meta-síntese" do Plano de Metas. Entretanto, sua construção – criticada por muitos – consumiu cerca de 2,3% do Produto Interno Bruto (PIB), com graves repercussões na economia.

Em 1958, Juscelino tomou iniciativa expressiva no tocante à política internacional ao propor a Operação Pan-americana (OPA), segundo a qual os Estados Unidos da América deveriam liderar programa de investimentos tendo em vista a erradicação da pobreza na América Latina. O plano previa investimentos de US$ 3,1 bilhões apenas para o Brasil. A proposta teve grande repercussão e obrigou os EUA a voltarem suas atenções para o continente, mas os resultados práticos foram pequenos, destacando-se, entretanto, a criação do Banco Interamericano de Desenvolvimento (BID) em 1959. Ainda assim, a OPA foi importante. O Brasil costumava alinhar-se à política internacional dos EUA. Com a OPA, sinalizou alguma autonomia. Isso aconteceu durante uma conjuntura especial: na segunda metade dos anos 1950, o mundo acompanhou o processo de descolonização da África e da Ásia. Entre 1956 e 1964, 17 novos países surgiram. Em paralelo, nações como a Índia, a Iugoslávia e o Egito procuravam negar a bipolaridade característica da Guerra Fria por meio do movimento dos países "não alinhados". Os novos países e os "não alinhados" se tornaram fonte de preocupação para os EUA, até porque essa atitude de independência atraiu nações latino-americanas. Nesse contexto, se a iniciativa da OPA não confrontava diretamente os EUA, cobrava maior atenção da Casa Branca para os países da América Latina.

No final de 1958, o Brasil solicitou um empréstimo de US$ 300 milhões ao Fundo Monetário Internacional (FMI), mas as negociações se prolongaram por causa das rigorosas exigências do FMI relativas à estabilização financeira, que iam de encontro ao Plano de Metas. O Fundo decidiu não conceder o empréstimo, mas JK tirou partido da situação "rompendo" com o FMI em junho de 1959, decisão que lhe garantiu a solidariedade de muitos setores porque foi apresentada como defesa da "soberania" brasileira e do projeto desenvolvimentista, embora, na verdade, tenha sido o FMI que impossibilitou a continuidade das negociações.

O legado de JK seria pesado para seu sucessor em termos de dívida externa e inflação, mas Juscelino permaneceria com boa imagem na opinião pública associada às ideias de modernidade, otimismo e democracia. De fato, alguns aspectos são notáveis em seu governo, além das realizações do Plano de Metas: durante seu quinquênio governamental (1957-1961), o PIB cresceu em média 8,27%, contra 6,06% no período 1952-1956 e 3,49% nos anos 1962-1966; JK tomou posse após eleições regulares (embora turbulentas, como vimos) e transmitiu o cargo a sucessor também regularmente eleito, o que não acontecia desde o governo de Dutra e tão cedo não se repetiria. Apesar das crises militares e políticas, seu governo transcorreu em relativa estabilidade e foi marcado pelo perfil conciliador do presidente, acrescido da fama que os políticos mineiros do PSD, tidos como habilidosos, ostentavam – as "raposas pessedistas". As constantes greves operárias do período, por exemplo, não foram reprimidas com violência e, graças à intermediação do Ministério do Trabalho – conduzido pelo PTB do vice-presidente João Goulart –, os acordos com os patrões foram frequentes.

Juscelino planejava voltar à Presidência da República candidatando-se nas eleições de 1965 e, tudo indica, em função disso, não se empenhou na escolha de candidato pessedista realmente competitivo, pois sabia que seu sucessor teria de adotar política de estabilização monetária que, em geral, torna impopular seu condutor. Após um período de aperto e recessão – pensava "mineiramente" JK –, ele poderia voltar com suas promessas de crescimento. O PSD acabou por lançar a candidatura do ministro da Guerra, general Lott, que havia se tornado o grande fiador do governo JK após os episódios de novembro de 1955.

Lott foi importante para neutralizar as potenciais crises militares que poderiam ter fragilizado o governo de Juscelino Kubitschek. De fato, dias depois da posse, oficias da Aeronáutica se rebelaram, tomaram um avião na Base Aérea dos Afonsos e seguiram para a base da Força Aérea Brasileira de Jacareacanga, no sul do Pará. Eles ecoavam o forte antigetulismo que havia na Aeronáutica desde o atentado da Tonelero, agravado pela derrota de Eduardo Gomes e pelos "golpes preventivos" de Lott. Arranjando um quartel-general em Jacareacanga, conseguiram controlar localidades próximas. Era uma rebelião improvisada, mas o governo teve problemas para controlá-la não só porque o oficial da Aeronáutica enviado para combatê-la acabou por aderir ao movimento, mas também porque se tratava de uma região remota do país. Passados quase 20 dias, o movimento foi controlado e seu principal chefe, preso. A revolta de Jacareacanga serviu para que JK surgisse como líder magnânimo, porque ele rapidamente concedeu anistia aos revoltosos. No final de 1959, haveria outra revolta de oficiais da Aeronáutica. Eles acusavam o governo de corrupção e de comprometimento com o comunismo. Três aviões militares partiram do Rio de Janeiro, outro seguiu de Belo Horizonte e um terceiro, um avião comercial da Panair, foi interceptado em pleno voo – primeiro caso de sequestro de avião de que se tem notícia. Todos rumaram para a base aérea de Aragarças, em Goiás. A rebelião foi ainda mais inexpressiva do que a de Jacareacanga, pois seus líderes logo fugiram.

O general Lott foi fundamental para a garantia do governo de JK durante essas crises militares e granjeou certa projeção nacional, que lhe valeu a indicação como candidato do PSD à Presidência da República. Mas o general não tinha qualquer habilidade política. Durante a campanha, fazia discursos maçantes e dizia "verdades" que afastavam possíveis apoios. A falta de traquejo de Lott – candidato pessedista improvisado – lembrava a sensaboria de outro militar travestido de político, o udenista Juarez Távora, que perdeu para Vargas em 1954, sem falar no brigadeiro Eduardo Gomes, derrotado "galhardamente" em 1945 e 1950 – as famosas "derrotas gloriosas", como as chamava o sempre irônico Carlos Lacerda. Até quando os militares teriam de se submeter a eleições para conquistar o poder?

Ademais, despontava a candidatura praticamente avulsa de Jânio Quadros, o governador de São Paulo, político que insistia em se dizer apartidário. Jânio era um fenômeno. Falava de modo empolado, abusando de mesóclises, e vestia-se de maneira incomum. Com discurso moralista, conseguiu o apoio de vasto eleitorado paulista de classe média e popular. Teve carreira política meteórica: concorreu a vereador em 1947, mas obteve apenas uma suplência. Entretanto, com a cassação dos mandatos dos parlamentares comunistas, chegou à Câmara dos Vereadores em 1948. Conseguiu grande projeção nesse cargo e logo foi eleito deputado estadual em 1950. Adotou a estratégia de viajar por todo o estado discursando contra a corrupção e pedindo sugestões ao povo. Em 1953, foi eleito prefeito de São Paulo, derrotando grupos políticos consolidados. Na prefeitura, promoveu demissões em massa e insistiu no discurso moralizador. Foi eleito governador do estado em 1954, cargo no qual estabeleceu contatos com o presidente Café Filho – como vimos –, tendo em vista a recuperação financeira de São Paulo. Diante dessa notável trajetória eleitoral, sua candidatura à Presidência da República se impôs. Jânio venceu as eleições conquistando mais de 5 milhões e 600 mil votos. Seu candidato a vice-presidente, Milton Campos, foi derrotado pelo petebista João Goulart, candidato a vice do general Lott que, assim, permaneceria na vice-presidência por mais um mandato. Sobretudo em São Paulo, foi forte o movimento "Jan-Jan", liderado por correntes do PTB paulista e que propunha o voto em Jânio e em Jango.

Sua campanha foi marcada pelo símbolo da vassoura, que "limparia" a corrupção do país. Seu *jingle*, muito executado, dizia:

> Varre, varre, varre vassourinha!
> Varre, varre a bandalheira.
> Que o povo já está cansado
> De sofrer dessa maneira.
> Jânio Quadros é a esperança desse povo abandonado!
> Jânio Quadros é a certeza de um Brasil moralizado.
> Alerta, meu irmão!
> Vassoura, conterrâneo!
> Vamos vencer com Jânio!

No dia de sua posse, Jânio fez violento discurso contra Juscelino Kubitschek, acusando-o pela inflação e dívida externa e afirmando ser "terrível a situação financeira do Brasil". O início de seu governo seria marcado por medidas de controle do funcionalismo: instituiu o horário integral nas repartições federais, demitiu pessoal contratado após 1º de setembro do ano anterior, extinguiu os cargos de adidos aeronáuticos nas embaixadas brasileiras e reduziu as vantagens de funcionários em missões no exterior. Do mesmo modo, sugerindo a existência de corrupção, determinou a abertura de inquéritos para examinar a atuação de diretorias de autarquias e fundações, como o Instituto Brasileiro de Geografia e Estatística (IBGE), a Rede Ferroviária Federal e a Companhia Vale do Rio Doce. Era o que Jânio Quadros chamava de "obra de saneamento moral da nação". Algumas providências que tomou pareciam ridículas, como a proibição de desfiles de maiô nos concursos de misses, de brigas de galos, de corridas de cavalo durante a semana e do uso de lança-perfume no carnaval.

Em função dos problemas na economia, Jânio adotou um plano ortodoxo de estabilização, o que lhe garantiu o imediato apoio da comunidade financeira internacional e do governo norte-americano. A moeda foi desvalorizada, os gastos públicos foram contidos e a expansão monetária, controlada. O ministro da Fazenda, Clemente Mariani, havia sido presidente do Banco do Brasil durante a gestão de Eugênio Gudin. Houve redução dos subsídios para o trigo e o petróleo. Com isso, foi possível renegociar a dívida e contratar novos empréstimos externos.

As iniciativas de Jânio Quadros no campo externo foram outra marca de seu governo: a chamada "política externa independente" reafirmava a busca de posicionamento autônomo em relação aos Estados Unidos da América. O principal problema era Cuba, que havia optado pelo comunismo e se encontrava sob forte pressão do governo norte-americano. A diplomacia brasileira tentou afirmar suas tradicionais posições em favor da autodeterminação dos povos e do princípio da não intervenção. Entretanto, além da pressão norte-americana – que não admitiria uma "segunda Cuba" no continente –, havia também a pressão interna proveniente de militares e civis anticomunistas.

Tudo indica que Jânio Quadros planejou dar um golpe para obter maiores poderes para a Presidência da República em detrimento do Congresso Nacional. Em agosto de 1961, ele enviou o vice-presidente João Goulart em missão especial à China comunista. Jânio havia recebido, em maio, representantes da República Popular da China que vieram em missão comercial. Seu governo apoiava o ingresso desse país na ONU, de modo que a missão de João Goulart parecia justificada. Entretanto, enquanto Goulart estava na China, Jânio surpreendeu a todos renunciando à Presidência da República. Ele esperava causar grande comoção, levando as pessoas a pedir sua permanência na presidência e a concordar com o aumento de seus poderes. Mas não houve nenhuma mobilização e o Congresso Nacional simplesmente aceitou sua renúncia. De Brasília, ele seguiu para São Paulo e, poucos dias depois, deixaria o país entregue a grave crise política.

Como Jango estava na China, o presidente da Câmara dos Deputados, Ranieri Mazzilli, assumiu interinamente o cargo de presidente da República. Goulart deveria retornar para assumir o poder, mas os ministros militares declararam que não o aceitariam na presidência. Jango era malvisto pelos militares por seu passado getulista, pela proposta de aumento de 100% do salário mínimo quando foi ministro do Trabalho (1953-1954), por suas conexões com os sindicatos e por ser tido como esquerdista e ligado aos comunistas. Mazzilli enviou mensagem ao presidente do Congresso dizendo que os ministros da Guerra, marechal Odílio Denis, da Marinha, vice-almirante Sylvio Heck, e da Aeronáutica, brigadeiro do ar Gabriel Grum Moss, "na qualidade de chefes das Forças Armadas, responsáveis pela ordem interna, [lhe] manifestaram a absoluta inconveniência, por motivos de segurança nacional, do regresso ao país do vice-presidente João Belchior Marques Goulart". Dias depois, os ministros lançaram manifesto reafirmando que o retorno de João Goulart seria uma "absoluta inconveniência". Diziam que Jango, quando fora ministro do Trabalho de Getúlio Vargas, mostrara "suas tendências ideológicas incentivando e mesmo promovendo agitações sucessivas e frequentes nos meios sindicais, com objetivos evidentemente políticos e em prejuízo mesmo dos reais interesses de nossas classes trabalhadoras". Afirmavam ainda que Jango nomeara esquerdistas para cargos importantes no ministério, "ativos e conhecidos agentes do comunismo internacional". Mencionaram, inclusive, a presença do vice-presidente na China, onde teria deixado "clara e patente sua incontida admiração ao regime [...] exaltando o êxito das comunas populares".

Como indicavam suas vitórias eleitorais, Jango era bastante popular. Tinha genuína preocupação com os mais pobres e revelara-se negociador habilidoso quando das greves. Goulart havia sido introduzido na política pelas mãos de Getúlio Vargas. Eles se tornaram amigos quando Vargas retornou a São Borja (RS), após o fim do Estado Novo. Jango também era de lá, tinha fazendas e tornou-se uma das poucas companhias do ex-ditador. Antes de ser ministro do Trabalho de Vargas, foi deputado federal e teve importante atuação no âmbito do PTB. Agora, contestado pelos militares, João Goulart deveria assumir inesperadamente a Presidência da República, sem programa de governo nem equipe de apoio. Ainda na China, Goulart telefonou para vários políticos brasileiros tentando negociar uma saída para a crise. Ele também optou por retardar ao máximo seu retorno ao Brasil: foi de Cantão para Cingapura e depois para Paris e Barcelona. Seguiu para Nova York e de lá foi para Buenos Aires e Montevidéu para ingressar no Brasil por Porto Alegre.

O manifesto dos militares dizia que o retorno de Goulart seria inconveniente também porque o presidencialismo seria um "regime que atribui ampla autoridade de poder pessoal ao chefe da nação". Com base nisso, o Congresso Nacional decidiu implantar às pressas o regime parlamentarista no país. Os poderes de Goulart ficariam reduzidos e o governo seria conduzido por um primeiro-ministro.

Essa solução também foi possível porque uma crise militar se instaurou com o apoio do comandante do III Exército, general Machado Lopes, à chamada Rede da Legalidade, movimento liderado pelo governador do Rio Grande do Sul, Leonel Brizola, cunhado de Jango. No dia 27 de agosto, Brizola foi para as rádios em defesa do mandato de Goulart. Ele era excelente comunicador e seu argumento simples era inquestionável: na ausência do presidente, assume o vice. Várias emissoras passaram a transmitir seus pronunciamentos, inclusive no exterior. O ministro da Guerra, Odílio Denis, resolveu reagir mandando fechar as rádios Gaúcha e Farroupilha, mas Brizola requisitou outra emissora e a instalou na sede do governo estadual, o Palácio Piratini. Logo surgiram rumores de que o palácio seria bombardeado e tomado por forças militares, e as tensões cresceram muito quando o comandante do III Exército foi visto dirigindo-se de carro para lá. Entretanto, o general apareceu na sacada do palácio ao lado do governador, apoiou a Rede da Legalidade e, com isso, o Exército ficou dividido, possibilitando a aprovação da emenda parlamentarista.

No dia 2 de setembro de 1961, o Congresso Nacional tornou o Brasil parlamentarista. Um conselho de ministros cuidaria da "direção e [da] responsabilidade da política do governo, assim como da administração federal". Goulart retornou ao Brasil e deixou para tomar posse, significativamente, em 7 de setembro, Dia da Independência. A experiência parlamentarista fracassou inteiramente. O pessedista Tancredo Neves, de Minas Gerais, foi nomeado primeiro-ministro, mas teve de renunciar em junho de 1962 para tentar um novo mandato na Câmara dos Deputados. Goulart indicou o petebista San Tiago Dantas para o cargo, mas seu nome não foi aprovado pela UDN e pelo PSD. Tentou outro pessedista, o senador Auro de Moura Andrade, mas os operários reagiram ameaçando com uma greve geral por causa da recusa do nome de Dantas. Por fim, foi aceito o nome de um deputado pessedista gaúcho relativamente inócuo, Brochado da Rocha, que assumiu prometendo antecipar o plebiscito que confirmaria ou não o parlamentarismo.

Isso se devia ao fato de que a emenda que instituiu o novo regime previa a consulta popular nove meses antes do término do mandato de Goulart. Brochado acabou renunciando porque não conseguiu a antecipação. Os operários decretaram uma greve geral e o Congresso, por fim, marcou o plebiscito para 6 de janeiro de 1963. Cinco dias antes,

Jango concedeu um aumento de 75% do salário mínimo. Onze milhões de pessoas votaram no plebiscito. O presidencialismo obteve quase 9 milhões e 500 mil votos.

Com a vitória do plebiscito, Goulart recebeu os plenos poderes da Presidência da República, acirrando os ânimos de seus inimigos políticos. Na verdade, desde que tomou posse, Jango foi vítima de intensa campanha de desestabilização por meio de ampla propaganda política financiada com recursos de empresários e do governo norte-americano. Em 1962, por exemplo, houve eleições no país e os candidatos que faziam oposição a Goulart tiveram suas campanhas financiadas pelo governo dos EUA. Segundo confessaria, anos depois, o embaixador dos Estados Unidos, Lincoln Gordon, o montante chegou a US$ 5 milhões. Foram muitas as iniciativas de propaganda. Segundo um relatório norte-americano de 1964, foram gastos, apenas neste ano, US$ 2 milhões com propaganda em rádio, jornais e unidades móveis de exibição de filmes. Esses filmes veiculavam propaganda anticomunista e contra o governo. Em 1963, foram feitas 1.706 exibições, somente no Rio de Janeiro, para cerca de 179 mil militares, em quartéis, escolas e navios.

Essa campanha era conduzida por duas associações de empresários, o Ibad (Instituto Brasileiro de Ação Democrática) e o Ipes (Instituto de Pesquisas e Estudos Sociais). O Ibad fazia o papel de financiador, repassando recursos obtidos em diversas fontes. Chegou a alugar um jornal, *A Noite*, que apoiava o PTB e que passou subitamente a fazer propaganda contra o governo. A atuação do Ibad levantou muitas suspeitas e deu margem à criação de uma Comissão Parlamentar de Inquérito. Acabaria sendo fechado. O Ipes existia desde 1961 e centrava suas atividades em palestras, cursos, publicações e coisas do gênero. Apoiava a atuação de outros grupos contrários a Goulart, como a Campanha da Mulher pela Democracia e a Confederação Brasileira de Trabalhadores Cristãos. Vários de seus membros integravam a Associação de Diplomados da Escola Superior de Guerra.

Além disso, o governo norte-americano liberava empréstimos diretamente para estados cujos governadores faziam oposição a Goulart. Carlos Lacerda, que na época governava o estado da Guanabara – como passou a ser designada a cidade do Rio de Janeiro após a transferência da capital para Brasília –, foi bastante beneficiado. Magalhães Pinto, de Minas Gerais, e Adhemar de Barros, de São Paulo, também receberam recursos norte-americanos sem a intermediação do governo federal.

A campanha de desestabilização visava tornar Goulart um "eleitor fraco", incapaz de fazer seu sucessor, tendo em vista as eleições para presidente da República marcadas para 1965. Aliás, a vitória do presidencialismo no plebiscito também se deveu ao apoio dos numerosos candidatos: como vimos, JK planejava sua reeleição, mas os governadores da Guanabara, de Minas Gerais e de São Paulo também eram candidatos, além de Leonel Brizola. Entretanto, a partir da vitória do presidencialismo no plebiscito, o propósito de desestabilização foi dando lugar a iniciativas de conspiração que visavam derrubar Goulart. Portanto, é possível distinguir as duas coisas: a campanha de desestabilização e a conspiração que levaria ao golpe de 1964. A distinção é importante porque, para alguns analistas, haveria uma ligação direta entre ambas. Hoje, entretanto, sabemos que a campanha de desestabilização não foi muito bem-sucedida. De fato, pesquisas realizadas pelo Instituto Brasileiro de Opinião e Estatística (Ibope), na época – e que só recentemente foram divulgadas –, indicam que a popularidade de Goulart não foi abalada. Se Jango pudesse concorrer à Presidência da República, contaria com mais da metade das intenções de voto na maioria das capitais pesquisadas. Em 1963, o presidente tinha o apoio de 66% da população de São Paulo, maior do que a aprovação obtida pelo governador Adhemar de Barros. A proposta de reforma agrária, que Goulart defendia, tinha apoio de mais de 70% da população em algumas capitais.

A reforma agrária era a mais debatida das "reformas de base" que Goulart e seus aliados defendiam. Elas nunca foram bem definidas, mas eram metas que os trabalhistas estabeleceram de algum modo inspirados nos objetivos definidos pelo Partido Comunista Brasileiro (PCB) nos anos 1950. Para os comunistas, a partir de um capitalismo mais desenvolvido, seria possível superá-lo por meio de uma "revolução nacional e democrática". No governo de João Goulart, entretanto, o sentido revolucionário abrandou-se, prevalecendo forte conotação nacionalista. Além da reforma agrária, seria preciso reformar os bancos, o sistema habitacional, as universidades e assim por diante. Tão amplas perspectivas, entretanto, não se consolidavam em projetos concretos, servindo mais como discurso político que acabava por assustar as elites políticas conservadoras, os empresários e parte da classe média.

Ademais, Jango parecia não se decidir, vacilando entre posições conciliadoras com as elites e acenos reformistas à esquerda. Foi cobrado em agosto de 1963, durante as cerimônias que assinalaram a morte de Vargas, e pareceu definir-se pela esquerda. Em discurso, ele garantiu que lutaria não apenas pela reforma agrária, "que constitui uma das aspirações mais legítimas, não apenas dos trabalhadores, mas de toda a nação brasileira", mas também por outras, como a reforma bancária, "pois o crédito é patrimônio da nação e não poderia estar à mercê de interesses de grupos".

A partir da vitória do presidencialismo, houve grande radicalização do clima político. Leonel Brizola fazia discursos ofensivos contra os militares chamando-os de "gorilas" e denunciava a existência de preparativos para um golpe da direita. O próprio Goulart passou a sustentar que o Congresso Nacional deveria ser forçado "a se curvar à realidade", ou seja, deveria aprovar as reformas, ou elas seriam feitas "à margem da lei, pela vontade e pela disposição do povo", levantando suspeitas de que ele preparava um golpe com o apoio da esquerda. Segundo o cientista político Wanderley Guilherme dos Santos, o parlamento vivia uma "paralisia decisória". De fato, tanto uma proposta de reforma agrária cautelosa apresentada pelo senador Milton Campos, da UDN de Minas Gerais, quanto um projeto mais ousado, apresentado pelo PTB, foram rejeitados.

Outra frente de tensões vinha dos militares subalternos. Suboficiais, sargentos e cabos, que haviam apoiado a posse de Goulart, exigiam o direito de serem eleitos – o que a Constituição proibia. Três sargentos tinham concorrido e sido eleitos em 1962 e um deles chegou a tomar posse como deputado federal, mas os outros foram impedidos. Em maio de 1963, acirrando a atmosfera política, cerca de mil graduados fizeram uma manifestação no Rio de Janeiro durante a qual um subtenente afirmou que a categoria poderia recorrer às armas para aprovar as reformas de base. O sargento Aimoré Cavalheiro, que havia sido eleito deputado estadual no Rio Grande do Sul, teve sua posse definitivamente impedida pelo Supremo Tribunal Federal no dia 11 de setembro, decisão que causou grande tumulto em Brasília. Houve ocupação de prédios públicos, corte das comunicações entre a capital e o restante do país e prisão de oficiais. Os graduados chegaram a deter o ministro do STF, Vítor Nunes Leal, na base aérea, e o presidente em exercício da Câmara dos Deputados, confinado no Departamento

Federal de Segurança Pública. O Exército só conseguiu controlar o movimento no dia seguinte, prendendo mais de 500 pessoas. Jango deu declaração infeliz dizendo que era favorável ao pleito dos sargentos. Com isso, oficiais das Forças Armadas acusaram-no de fomentar a quebra da hierarquia e da disciplina – princípios básicos dos militares.

No fim do mês, o governador da Guanabara, Carlos Lacerda, deu uma entrevista ao jornal norte-americano *Los Angeles Times* que teria grande repercussão com o chamativo título *"Governor Sees Goulart Fall, Urges U.S. to Withhold Aid Funds"* (Governador vê queda de Goulart e exorta EUA a reter fundos de ajuda). Nela, Lacerda afirmava, entre outras coisas, que o governo brasileiro era conduzido por comunistas e que os militares ou tutelariam o presidente ou o afastariam definitivamente do poder. Concluiu dizendo: "Eu não acho que isso dure até o final do ano". Os ministros militares de Goulart reagiram com uma nota chamando Lacerda de "mau brasileiro". O presidente reagiu de maneira surpreendente: no dia 4 de outubro, Goulart decidiu pedir a decretação do estado de sítio, medida que pareceu a todos demasiado extrema. Assessores e políticos que o apoiavam aconselharam-no a retirar o pedido, o que Goulart acabou por fazer três dias depois, fragilizando-se ainda mais.

Leonel Brizola, na época, tinha discurso bastante radical e ajudou a acirrar os ânimos. Em novembro de 1963, ele propôs a criação dos Grupos de Onze – inspirados no número dos integrantes dos times de futebol – cujo propósito seria "organizar-se em defesa das conquistas democráticas de nosso povo e fazer resistência a qualquer tentativa de golpe, venha de onde vier". Seu apoio a Goulart era dúbio, pois Brizola demandava posição radical do presidente e o criticava por titubear.

Jango parecia sem rumo. Ele chegou à Presidência da República por acaso, não era um homem de posições radicais, tendendo à negociação. Contava com apoio popular – como vimos nas pesquisas do Ibope –, mas vinha recebendo críticas da imprensa, dos militares, da Igreja Católica e da classe média, insatisfeita com a situação econômica muito crítica.

Optou por realizar comícios grandiosos pelo Brasil afora para pressionar o Congresso Nacional a aprovar as reformas de base. O famoso Comício da Central, de 13 de março de 1964, deveria ter sido o primeiro deles, mas foi o primeiro e o último. O comício se realizou na Praça da República, ao lado da Central do Brasil, bem próximo ao Ministério da Guerra. O discurso mais radical foi o de Leonel Brizola, que atacou o Congresso, acusando-o de ser um poder controlado por "uma maioria de latifundiários reacionários, privilegiados e de ibadianos" e de não mais se identificar com as aspirações do povo brasileiro. Parecia pedir o fechamento do parlamento. Durante o comício, Jango anunciou decreto desapropriando terras nas margens de rodovias, ferrovias e açudes públicos – espécie de sinalização em favor da reforma agrária – e outro que encampava refinarias particulares. Disse ainda que, finalmente, remeteria mensagem ao Congresso explicando as reformas de base. Enquanto ele fazia seu discurso, moradores da Zona Sul do Rio de Janeiro, em protesto, acenderam velas nas janelas de seus apartamentos.

Havia certo temor na classe média estimulado pela propaganda contra Goulart que o associava ao comunismo, mas também devido a afirmações imprecisas do presidente. Em seu discurso na Central, Jango mencionou algo que soava preocupante para proprietários de imóveis, pois ele pretendia "regulamentar o preço extorsivo dos apartamentos e residências desocupados". Do mesmo modo, aludindo ao movimento Cruzada do Rosário, que reunia mulheres para "rezar contra o comunismo", ele disse que "os rosários [não] podem ser levantados contra a vontade do povo e as suas aspirações mais legítimas". A referência deflagrou um movimento de "desagravo ao rosário" que resultou nas Marchas da Família, com Deus, pela Liberdade. A primeira, no dia 19 de março, reuniu cerca de 500 mil pessoas em São Paulo. Palavras de ordem como "está chegando a hora de Jango ir embora" eram ouvidas. Outra grande marcha aconteceria no Rio de Janeiro, no dia 2 de abril, já depois do golpe e se tornou uma espécie de comemoração pela derrubada de Goulart. Além das duas, realizaram-se dezenas em todo o país.

O comício foi a gota-d'água para os que conspiravam contra seu mandato. Mas outras iniciativas de Jango serviriam como pretexto para o golpe de 1964. Na mensagem que enviou ao Congresso Nacional no dia 15 de março, Goulart solicitou maiores poderes ao parlamento e pediu que deputados e senadores aprovassem um plebiscito sobre as reformas de base, levantando mais suspeitas. No dia 25 de março, a Associação dos Marinheiros e Fuzileiros Navais – que não contava com o reconhecimento da Marinha – decidiu comemorar seus dois anos de existência promovendo cerimônia na sede do Sindicato dos Metalúrgicos do Rio de Janeiro. Cerca de 3 mil marinheiros compareceram. Eles acabaram por ocupar o sindicato, permanecendo toda a noite, pedindo o reconhecimento da associação, a melhoria das refeições do pessoal embarcado e o abrandamento do regimento disciplinar. O ministro da Marinha mandou os fuzileiros navais prenderem a liderança do movimento, mas parte deles aderiu à ocupação com o apoio de seu comandante, o contra-almirante Cândido Aragão. O ministro afastou Aragão do cargo. Goulart decidiu substituir o ministro da Marinha e mandar que os soldados da Vila Militar encerrassem o protesto. O novo ministro reconduziu Aragão ao seu cargo; ambos tinham posições de esquerda. Finalmente, os marinheiros foram levados para o Batalhão de Guarda do I Exército, nas proximidades, e foram soltos à tarde. Encontraram-se na rua com o contra-almirante Aragão e decidiram carregá-lo nos ombros, cena que foi fotografada e estampada nos jornais no dia seguinte: um almirante esquerdista festejado por marinheiros amotinados... Oficiais-generais das três forças acusaram Goulart de, mais uma vez, promover a indisciplina e a quebra da hierarquia militar.

Depois de tantos problemas, Goulart deveria assumir atitude cautelosa, mas parecia tomado por um arrebatamento que o levou a nova decisão infeliz. A Associação dos Suboficiais e Sargentos da Polícia Militar decidiu comemorar os 40 anos de sua criação com uma festa no Automóvel Club do Brasil, no centro do Rio de Janeiro. Goulart foi convidado e decidiu participar, mesmo tendo sido insistentemente aconselhado em contrário pelo líder do governo na Câmara, Tancredo Neves. O experiente pessedista mineiro, que havia acompanhado como ministro a crise que levou ao suicídio de Vargas e, como primeiro-ministro, a solução que garantiu a posse de Goulart, fez uma profecia: "Deus faça com que eu esteja enganado, mas creio ser este o passo do presidente que irá provocar o inevitável, a motivação final para a luta armada". Goulart foi ao Automóvel Club e fez discurso transmitido pelas rádios e TV. Falou contra os que o acusavam de favorecer a quebra da disciplina militar e garantiu que cumpriria o seu mandato até o fim:

O meu mandato, conferido pelo povo e reafirmado pelo povo numa segunda vez, será exercido em toda a sua plenitude, em nome do povo e na defesa dos interesses populares. Enganam-se redondamente aqueles que imaginam que as forças da reação serão capazes de destruir o mandato que é do povo brasileiro.

Entretanto, isso não aconteceria. A conspiração militar para derrubá-lo da Presidência da República estava muito avançada. No dia 20 de março, seu chefe do Estado-Maior do Exército, general Castelo Branco, fez circular documentos reservados criticando o Comício da Central e as ameaças contra o Congresso Nacional. Situando-se como líder da conspiração, disse a seus subordinados que pretendia "coordenar os anseios e esforços que vêm sendo observados em vastas áreas das Forças Armadas". Afirmou, ainda, que temia que o próprio governo fosse subversivo e pediu que todos se mantivessem mobilizados para a "hora decisiva". Os documentos tiveram enorme repercussão nos quartéis e funcionaram como autorização para o golpe.

Diversos grupos militares, sem maior articulação, conspiravam em todo o Brasil. Um dos mais ativos estava em Minas Gerais. A autorização para o golpe veio do governador mineiro, Magalhães Pinto, após conversa que teve com o marechal Odílio Denis (ex-ministro da Guerra que havia indicado a "absoluta inconveniência" do retorno de Jango ao Brasil em 1961) no aeroporto de Juiz de Fora no dia 28 de março. Denis dizia que Jango pretendia implantar uma "república sindicalista" no Brasil – tese que, como vimos, fora defendida por Carlos Lacerda, em 1955, quando tentou impedir a vitória da chapa JK-Jango. Segundo acreditavam vários militares e civis, Goulart daria um golpe de Estado e, inspirado no peronismo argentino, instauraria um regime apoiado nos sindicatos. Porém, na sequência – segundo pensavam essas pessoas –, dada a superioridade ideológica do comunismo em relação ao trabalhismo, o Brasil acabaria por se tornar comunista. Magalhães nomeou um secretariado especial com nomes de relevo nacional, inclusive o do ex-ministro das Relações Exteriores, Afonso Arinos de Melo Franco, responsável pela "política externa independente" no governo Jânio Quadros. Afonso Arinos ficou com a incumbência de obter o reconhecimento externo para a deposição de Goulart e o novo governo.

Quem iniciou a movimentação de tropas, no dia 31 de março, em direção ao Rio de Janeiro, onde estava o presidente, foi o general Mourão Filho, comandante da 4ª Região Militar em Juiz de Fora. Mourão agiu por conta própria, pois o golpe estava previsto para alguns dias depois, conforme pretendiam os principais chefes militares. Ele havia assistido na TV ao discurso de Goulart no Automóvel Club até pouco depois de uma hora da manhã e, por volta das duas horas, redigiu um manifesto afirmando que Goulart deveria ser "afastado do poder de que abusa". Perto das quarto horas, ordenou que suas tropas seguissem em direção ao Rio. Desde a véspera, a Polícia Militar de Minas Gerais controlava as fronteiras e principais pontos estratégicos do estado.

Magalhães Pinto sentia-se respaldado. O governo norte-americano também participou da conspiração e redigiu, ainda em 1963, documento secreto, só recentemente descoberto, um "plano de contingência" que definia duas diretrizes. Em primeiro lugar, os Estados Unidos deveriam apoiar a derrubada de Goulart e a formação de um novo governo e, para dar uma coloração legal, o texto estabelecia que seria "altamente desejável" que "uma parte significativa do território nacional fosse controlada" pelas forças anti-Goulart. Em segundo lugar – e, talvez, mais importante –, o plano determinava que os Estados Unidos deveriam intervir militarmente no Brasil caso houvesse confrontos e apoio de algum país comunista (URSS ou Cuba). O plano foi a base para a realização da chamada Operação *Brother Sam*, força-tarefa naval composta por um porta-aviões, um porta-helicópteros, seis contratorpedeiros (dois equipados com mísseis teleguiados), além de cem toneladas de armas e quatro navios-petroleiros – pois previa-se que, com o apoio dos trabalhadores do setor, poderia faltar combustível. A Operação *Brother Sam* foi enviada ao Brasil no dia do golpe de 1964, mas foi desativada em função do rápido sucesso dos golpistas.

Como se vê, havia expectativa de confronto. Os conspiradores não imaginavam que o governo Goulart cairia como um castelo de cartas. Jango, entretanto, estava decidido a não resistir. Na manhã do dia 1º, ele foi avisado do apoio norte-americano a sua derrubada. Ademais, tinha índole pacífica e, efetivamente, não contava com apoio militar. Ele enviou dois generais de sua confiança para deter os soldados de Mourão Filho, mas eles não conseguiram impedir que seus homens aderissem aos golpistas. O comandante do II Exército, em São Paulo, compadre de Goulart, também aderiu ao golpe. O comandante do I Exército, no Rio de Janeiro, aconselhou-o a deixar a cidade para não ser preso.

Ele poderia ter resistido. Oficiais legalistas, na Base Aérea de Santa Cruz, aguardaram ordem do presidente para fazer decolar cinco jatos que poderiam, ao menos, obrigar Mourão Filho a negociar – mas a ordem não veio. Goulart seguiu para Brasília. Na capital, seu ministro-chefe do Gabinete Civil, Darcy Ribeiro, insistiu para que ele resistisse, mas nada obteve. Darcy e setores leais ao presidente haviam reunido cerca de mil trabalhadores no Teatro Nacional decididos a pegar em armas. De Brasília, onde encontrou sua mulher e recolheu documentos, Jango seguiu para Porto Alegre e lá ouviu de Leonel Brizola os mesmos apelos para que resistisse. Ele buscaria asilo no Uruguai e jamais pôde retornar ao Brasil, morrendo em 1976.

Quando deixou o Rio de Janeiro, a notícia se espalhou e houve comemorações na Zona Sul da cidade, conforme noticiou o jornal *O Dia*: "a população de Copacabana saiu às ruas, em verdadeiro carnaval, saudando as tropas do Exército. Chuvas de papéis picados caíam das janelas dos edifícios enquanto o povo dava vazão, nas ruas, ao seu contentamento". Carros circularam com lenços e bandeiras e, no bairro do Flamengo, muitos pararam para ver as chamas que consumiam o prédio da UNE, atacado pelo Comando de Caça aos Comunistas.

Jango ainda não havia deixado o país quando o presidente do Senado, Auro de Moura Andrade, convocou uma sessão extraordinária do Congresso Nacional na madrugada do dia 2. Darcy Ribeiro enviara carta ao senador informando que Goulart estava no país, em Porto Alegre, "à frente das tropas militares legalistas e no pleno exercício dos poderes constitucionais". Era um completo exagero, mas Goulart, de fato, estava no país. Ainda assim, em sessão extremamente tumultuada, Auro declarou a vacância do cargo de presidente da República e, em consequência, determinou a posse do presidente da Câmara, Ranieri Mazzilli. Por volta de três horas da manhã, um grupo de parlamentares dirigiu-se ao Palácio do Planalto, que estava às escuras, e Mazzilli foi empossado nessas condições totalmente irregulares.

## UM AMERICANO TOMA O PALÁCIO DO PLANALTO

Robert Bentley era um jovem diplomata norte-americano, ocupando, na carreira, a posição inicial de terceiro secretário. Havia chegado a Brasília em março de 1963, com 24 anos, passando a trabalhar nessa espécie de "filial" (ou "escritório de representação", como era oficialmente chamado) da embaixada dos Estados Unidos da América, pois nem todas as missões diplomáticas haviam se transferido para a nova capital.

A tarefa de Bentley era simples: ele deveria acompanhar a atuação dos deputados da UDN e outros partidos conservadores que faziam oposição ao governo Goulart. Ao primeiro secretário coube os parlamentares governistas do PTB; ao segundo, os do importante PSD. Para Bentley, restou a oposição: 182 deputados e senadores. Ele decidiu conhecer todos, um a um.

Segundo relatou muitos anos depois, foi fácil fazer isso: Brasília ainda era uma cidade vazia, com poucos veículos em circulação. Para detectar a presença de uma autoridade em qualquer local, bastava checar o estacionamento em busca das placas dos carros oficiais.

No final de março de 1964, Bentley praticamente vivia no Congresso Nacional em função da crise evidente do governo Goulart. De lá, ele telefonava para o escritório de representação, relatando a atmosfera política. No dia 2 de abril, de madrugada, após ouvir a declaração de vacância do cargo de presidente da República feita pelo senador Auro de Moura Andrade, decidiu que precisava dormir, mas um parlamentar o pegou pelo braço e disse: "– Vem comigo, vamos para o Planalto". Bentley decidiu acompanhar o deputado udenista Luís Vianna Filho, que se tornaria chefe do Gabinete Civil do primeiro marechal presidente, Castelo Branco.

Segundo Bentley, um grupo de parlamentares estava do lado de fora do prédio do Congresso preparando-se para ir em direção ao Planalto, perto dali. Chegando lá, tiveram de entrar pelos fundos, porque a porta da frente estava trancada e eles não queriam quebrar o vidro. No terceiro andar, Bentley pôde presenciar a posse de Mazzilli. Em seguida, foi a uma sala ao lado do gabinete presidencial e telefonou para o escritório de representação descrevendo o que vira. O escritório tinha uma linha direta com a embaixada, no Rio de Janeiro e, dali, com Washington. Da capital norte-americana, o subsecretário de Estado, George W. Ball, perguntou a Bentley se ele julgava legal a posse de Mazzilli. Bentley disse que sim e foi, afinal, dormir.

Quando acordou, ficou sabendo que os Estados Unidos já haviam reconhecido o novo governo brasileiro – graças ao seu relato.

Mazzilli ficaria no cargo por 13 dias, mas não detinha o poder. O general Costa e Silva nomeara-se comandante do Exército Nacional e criou um "Comando Supremo da Revolução" juntamente com o vice-almirante Augusto Hamann Rademaker Grünewald e o brigadeiro Francisco de Assis Correia de Melo. A fim de regulamentar o novo regime, o comando editou um Ato Institucional no dia 9 de abril garantindo que "a revolução vitoriosa, como Poder Constituinte, se legitima por si mesma". Do mesmo modo, promoveu uma série de cassações de mandatos parlamentares, suspensões de direitos políticos e transferência de militares para a reserva. Definiu, ainda, que o Congresso Nacional – cujo funcionamento foi mantido após a cassação de quarenta parlamentares – elegeria novo presidente da República no dia 11. O ex-chefe do Estado-Maior do Exército do governo Goulart, general Castelo Branco, foi eleito sem dificuldades. Carlos Lacerda, Magalhães Pinto e outras lideranças civis do golpe haviam indicado seu nome. Segundo o Ato Institucional, o novo presidente apenas concluiria o mandato iniciado com a eleição de Jânio Quadros, em 1961, e que foi continuado por Goulart. Portanto, haveria eleições em 1965 para a posse do novo presidente em 1966. Lacerda e Magalhães eram candidatos. JK, que também era candidato, acabou fazendo um acordo com Castelo Branco – que desejava obter o maior número de votos possível no Congresso Nacional. Em troca da garantia de que as eleições de 1965 seriam mantidas, liberou a bancada do PSD para votar no general, que, após a posse, recebeu a patente de marechal.

Portanto, o golpe não pressupunha a ditadura militar. Os líderes civis que o apoiaram esperavam por eleições em 1965, como sustentava o Ato Institucional ao reiterar que o mandato do novo presidente terminaria no dia 31 de janeiro de 1966, que seria o último dia do período iniciado por Jânio Quadros. Entre o golpe e a efetivação do regime militar houve um processo, relativamente breve, que culminaria no dia 22 de julho de 1964 com a prorrogação do mandato de Castelo Branco e o adiamento da eleição de seu sucessor para outubro de 1966. A partir de então, ficou claro que não haveria eleições presidenciais regulares e que os militares pretendiam permanecer controlando o poder por algum tempo.

Houve muita violência após o golpe de 1964, ao contrário do que sustentam alguns analistas que insistem em caracterizar a derrubada de Goulart como uma ação incruenta. Ainda no dia 1º de abril, em Recife, após a destituição do governador Miguel Arraes – que havia sido eleito pelo Partido Social Trabalhista (PST) com o apoio dos comunistas –, estudantes se dirigiram em protesto para a sede do governo, o Palácio das Princesas, e foram recebidos a tiros. Os estudantes Jonas Barros e Ivan Aguiar foram mortos. Arraes foi preso e confinado na ilha de Fernando de Noronha. Ainda em Recife, o velho líder comunista Gregório Bezerra teve seu cabelo arrancado com alicate, seus pés molhados com ácido e seu pescoço amarrado com cordas. Bezerra foi arrastado pelas ruas e seus algozes conclamavam a população – que assistia aterrorizada – a execrá-lo. No Rio de Janeiro, também no dia 1º de abril, estudantes e populares protestavam contra a derrubada de Goulart em frente à Faculdade Nacional de Direito quando foram surpreendidos por integrantes do Comando de Caça aos Comunistas. Os estudantes Ari Cunha e Labib Abduch foram atingidos por tiros e mortos.

A violência prosseguiria. O Ato Institucional estabeleceu o dia 15 de junho como prazo final para a aplicação das "punições revolucionárias". Essas punições, como vimos, consistiam na cassação de mandatos de senadores, deputados federais, estaduais e vereadores, na suspensão de direitos políticos de quaisquer pessoas e na transferência para a reserva de militares suspeitos de esquerdismo ou de apoio ao governo deposto – aliás, mais de 100 militares foram punidos pelo "Comando Supremo da Revolução". As punições deviam se basear em inquéritos-policiais militares que eram conduzidos por oficiais superiores, em geral coronéis, que ficaram conhecidos, por isso mesmo, como "coronéis dos IPMs". Entretanto, depois de tomar posse, Castelo Branco – cioso de sua biografia e temeroso de passar à história como um ditador vingativo – decidiu aplicar as punições moderadamente, revoltando os encarregados pelos IPMs. Ademais, algumas das potenciais vítimas conseguiram *habeas corpus* na Justiça, que ainda não estava completamente manietada como viria a ficar no futuro, o que também irritou esse grupo de militares. Eles passaram a demandar mais punições e a prorrogação da data-limite, mas Castelo não lhes atendeu. Essa é a origem do grupo que, no futuro, ficaria conhecido como "linha dura" e que sempre reclamaria a reabertura da temporada de "punições revolucionárias".

Como vimos, Castelo quebrou a promessa de realizar eleições para presidente em 1965, mas as eleições para governadores foram mantidas. Seriam escolhidos 11 novos governadores, pois, na época, nem todos os governadores de estados brasileiros eram escolhidos ao mesmo tempo.

Candidatos de oposição foram eleitos na Guanabara e em Minas Gerais, o que deixou a linha dura revoltada, dizendo que esses "inimigos do regime" deveriam ter sido punidos e culpando Castelo Branco pelas duas derrotas. Costa e Silva, que fora nomeado ministro da Guerra, tornou-se líder desse grupo, prestigiando-o, ao mesmo tempo que tentava manter-se leal a Castelo. A linha dura queria impedir a posse dos governadores dos dois estados e, para evitar tal coisa, Castelo teve de decretar novo ato institucional, atendendo aos militares radicais e reabrindo a temporada de "punições revolucionárias". O ato – batizado como AI-2, o que fez com que o primeiro se tornasse conhecido como AI-1 – também extinguiu os partidos políticos existentes, que vinham de longa trajetória de consolidação, e criou um sistema bipartidário artificial, com um partido de apoio ao regime, a Arena (Aliança Revolucionária Nacional) e outro de oposição, o MDB (Movimento Democrático Brasileiro).

Fragilizado, o presidente teve de admitir a preponderância de Costa e Silva, que se tornou candidato incontornável a sua sucessão, contra a vontade dele e de seus apoiadores – que passariam a ser conhecidos como "castelistas" ou "moderados". Para muitos analistas, Castelo Branco deixou as marcas de moderado e legalista, mas, de fato, não foi uma coisa nem outra. Além de ter conspirado contra o presidente a que servia, assumiu o governo com poderes discricionários. Foi responsável por iniciativas muito duras, como a Lei de Segurança Nacional, cuja passagem sobre a noção de "guerra interna" ele ajudou a redigir. Determinou a invasão e o recesso do Congresso Nacional quando o parlamento não aceitou a cassação de seis deputados federais em 1966. Decretou uma lei de imprensa restritiva e, sobretudo, fracassou em não conter a linha dura.

O marechal Castelo Branco terminou seu mandato bastante impopular por causa das medidas de saneamento financeiro que implementou. Durante o governo Goulart, a economia brasileira entrou em colapso. O governo norte-americano estava desconfiado de que Jango iria decretar moratória ou negar os débitos. As reservas estavam muito baixas. Com a ajuda dos Estados Unidos, o governo de Castelo obteve vários empréstimos e as reservas passaram de US$ 252 milhões, em 1964, para US$ 505 milhões, em 1965. Goulart não aceitava as inspeções trimestrais do FMI. Com a submissão de Castelo ao sistema financeiro internacional, a dívida foi reescalonada. A negociação com os bancos credores também se beneficiou da pressão norte-americana sobre os estabelecimentos europeus que aceitaram um reescalonamento de 70% da dívida para um prazo de três anos. Os ministros da Fazenda e do Planejamento, Octavio Gouveia de Bulhões e Roberto Campos, lançaram o Plano de Ação Econômica do Governo (Paeg), que buscou controlar os gastos e a expansão do crédito e da moeda, além de estimular o ingresso de capital estrangeiro. No que diz respeito a investimentos norte-americanos privados, o Brasil figurou em sétimo lugar entre os principais países destinatários entre 1964 e 1968. Em 1964, os empréstimos atingiram o valor de US$ 997 milhões e chegaram a US$ 1.484 bilhão em 1968. O salário mínimo perdeu valor. A inflação, entretanto, declinou bastante.

Castelo beneficiou-se da boa vontade norte-americana, não só porque os Estados Unidos apoiaram a derrubada de Goulart e viram com bons olhos sua chegada ao poder, mas também porque o presidente norte-americano, Lyndon Johnson, deu prosseguimento à Aliança para o Progresso, instituída por seu antecessor, John Kennedy, que fora assassinado em novembro de 1963. O pressuposto da aliança – admitidamente inspirada na Operação Pan-americana de JK – articulava a segurança interna da América Latina à necessidade de combate à pobreza, que seria a causa do crescimento da esquerda, segundo pensavam os assessores de Kennedy. Após a opção de Cuba pelo comunismo, o governo norte-americano adotou políticas de retaliação àquele país e acabou por tentar invadi-lo, apoiado em exilados cubanos, mas a operação militar aérea que estava prevista falhou. No ano seguinte, a descoberta de que os soviéticos estavam construindo silos para mísseis e montando bombardeiros em Cuba gerou enorme crise entre os Estados Unidos e a União Soviética e quase tornou a Guerra Fria um conflito efetivo, pois os dois países estiveram a ponto de detonar armas nucleares. Foi a Revolução Cubana que chamou a atenção do governo norte-americano para a América Latina, região que a Casa Branca via como desimportante, mas que, a partir de então, se tornou uma espécie de palco secundário da Guerra Fria.

A Aliança para o Progresso havia sido lançada por Kennedy em março de 1961 e pareceu inicialmente a Celso Furtado a tão sonhada versão para a América Latina do Plano Marshall – Programa de Recuperação Europeu proposto pelo secretário de Estado, George Marshall, em 1947, que financiou a reconstrução da Europa com a ajuda econômica dos Estados

Unidos, entre 1948 e 1951, no valor de US$ 13 bilhões. Furtado dirigia a Superintendência para o Desenvolvimento do Nordeste (Sudene), criada em 1959 no governo JK. Em 1961, ele recebeu assessores de Kennedy e logo percebeu que sua impressão inicial era um equívoco, porque as propostas de financiamento da aliança vinham atadas à forte moldura ideológica. Havia grande preocupação no governo norte-americano com as reivindicações dos camponeses nordestinos organizados nas Ligas Camponesas – espécie de movimento sindical de inspiração esquerdista. Apesar de tudo, entre 1961 e 1971, o Brasil – maior beneficiário latino-americano da Aliança para o Progresso – recebeu cerca de US$ 2 bilhões de dólares, afora outras formas de financiamento, como o programa "Comida para a Paz", que investiu, no mesmo período, cerca de meio bilhão de dólares.

Castelo chegou ao poder graças ao prestígio que desfrutava entre os militares e ao apoio que recebeu de lideranças civis. Terminou seu governo sem conseguir controlar os militares mais radicais e impopular diante da classe média, inclusive entre as mulheres que organizaram as Marchas da Família, com Deus, pela Liberdade, insatisfeitas com a política econômica restritiva. Pouco após a posse de seu sucessor – eleito contra sua vontade –, o marechal Castelo Branco morreria, vítima de acidente aéreo. Segundo o copiloto, que sobreviveu, suas últimas palavras foram: "Faça qualquer coisa para nos salvar!"

# Violência, repressão e sociedade

Uma das principais chaves analíticas do século XX é o fenômeno da violência, especialmente em função do holocausto, durante a Segunda Guerra Mundial, que se tornou uma espécie de "índice" do século passado. A questão é a seguinte: por que nós, humanos, fomos capazes de atos tão brutais, como o assassinato em massa de semelhantes?

Para muitos estudiosos, haveria algo em comum entre os processos históricos que marcaram o fim dos chamados "eventos traumáticos", como é o caso do próprio holocausto, dos totalitarismos, do *apartheid* da África do Sul e das políticas genocidas de Ruanda, Bósnia e Kosovo, para citar alguns exemplos. Grandes "disputas de memória" ocorreram por ocasião do julgamento de crimes da Segunda Guerra Mundial e da incriminação de antigos chefes da polícia política nazista alemã, responsáveis por muitas violações dos direitos humanos: haveria apenas "algozes" que cometeram tais brutalidades ou as sociedades, de algum modo, apoiaram esses atos bárbaros? Talvez o exemplo mais contundente das intricadas relações entre memória e história seja a "querela dos historiadores", ocorrida na Alemanha no final dos anos 1980: o famoso filósofo Jürgen Habermas acusou historiadores de tentarem relativizar o nazismo, o holocausto e o papel de Hitler – cuja personalidade "enlouquecida" não seria a causa principal daqueles episódios, mas as circunstâncias históricas. Leituras controvertidas sobre o passado traumático recente, que acirram debates na sociedade, marcam a História do Tempo Presente.

As ditaduras militares latino-americanas também podem ser compreendidas nesse contexto, especialmente em função da grande violência que houve na ditadura argentina (1976-1983), que experimentou muitos casos de tortura, assassinatos e chegou a ter campos de concentração. Assim, um dos problemas do final do século XX foi o enfrentamento das consequências da violência. Isso também ocorreu no Brasil, como veremos no último capítulo deste livro. Por ora, precisamos entender como se equacionou o problema da violência durante o regime militar em nosso país.

Como vimos, a ditadura militar brasileira foi muito violenta desde os primeiros momentos após o golpe de 1964. Entretanto, a partir de 1968, essa violência se ampliou muito com a instituição de aparatos institucionalizados de repressão que criaram um sistema nacional de espionagem, uma polícia política, um departamento de propaganda e outro de censura política, além de um tribunal de exceção para o julgamento de pessoas supostamente implicadas em corrupção. Nesse sentido, é possível distinguir violência de repressão política: houve violência desde os primeiros momentos do regime militar, mas, a partir de 1968, a ditadura montou um verdadeiro aparato de repressão política. Alguns historiadores, inclusive, supõem que a ditadura realmente começou nesse momento, não em 1964, e outros creem que ela se encerrou não com a eleição do primeiro presidente civil, em janeiro de 1985, mas com o início da desmontagem do aparato de repressão, no final dos anos 1970. Seja como for, é possível entender a história da ditadura militar como a história da montagem e desmontagem desses sistemas repressivos ou, falando de maneira mais direta, como a história da "linha dura", grupo que surgiu ainda no governo Castelo Branco e que obteve uma vitória parcial com a decretação do AI-2, tal como foi visto no capítulo anterior.

Com a posse do marechal Costa e Silva, em 15 de março de 1967, esse grupo chegou ao poder. Note-se, porém, que Costa e Silva assumiu sem instrumentos discricionários de repressão, já que o segundo ato institucional vigorou apenas até o fim do governo Castelo Branco: no início de seu governo, o segundo marechal presidente não podia cassar mandatos parlamentares, nem suspender direitos políticos. Seu governo seria marcado pela atuação da linha dura que, com a decretação do AI-5, pôde não só retomar as punições revolucionárias, mas também constituir-se como porta-voz autorizado do regime: controlando o aparato de repressão política, todos passariam a temer sua atuação – inclusive os membros do governo não ligados diretamente a ela.

O governo de Castelo Branco havia terminado muito impopular, sobretudo em função das consequências do saneamento financeiro, que sacrificaram – com o aumento da carestia da vida – setores da classe média que haviam apoiado o golpe. Isso criou uma atmosfera propícia às manifestações sociais de oposição ao regime, que se intensificaram ao longo de 1968. Este foi um ano marcante na história recente do Brasil, sendo surpreendente a série de eventos chocantes que aconteceu: assassinatos de estudantes pela repressão, assassinatos de militares estrangeiros pela esquerda, prisão do ex-presidente da República Jânio Quadros, ataques a espetáculos teatrais com sequestro e espancamento de artistas, entre outros.

No dia 28 de março, os estudantes preparavam uma passeata contra o mau funcionamento do restaurante estudantil Calabouço, no centro do Rio de Janeiro, cujas obras pareciam intermináveis. Reprimindo a reunião com violência, a polícia acabou por matar Edson Luís de Lima Souto, um aluno secundarista. Seus colegas decidiram levar o corpo para o prédio da então Assembleia Legislativa, onde promoveram uma manifestação. O impacto na opinião pública foi muito grande. A censura rigorosa da imprensa ainda não havia sido implantada, de modo que os jornais puderam noticiar o ocorrido, inclusive com fotos dramáticas do cadáver do jovem morto. No dia seguinte, milhares de pessoas acompanharam o enterro de Edson Luís. Uma faixa exibia frase contundente para a classe média: "mataram um estudante: podia ser seu filho".

A morte de Edson Luís gerou protestos pelo Brasil afora. Passeatas estudantis – que também eram acompanhadas pela classe média, artistas e religiosos – aconteceram em todo o país. O governo decidiu reprimi-las.

No dia 4 de abril, a polícia montada atacou as pessoas que saíam da missa de sétimo dia de Edson Luís na igreja da Candelária, no centro do Rio de Janeiro. Em junho, aconteceria a famosa Passeata dos Cem Mil, também no centro da cidade. Dias antes, trezentas pessoas tinham sido presas durante manifestação na Universidade Federal do Rio de Janeiro. O ministro da Justiça, Gama e Silva, havia proibido a realização de comícios e passeatas, mas isso foi inútil. Os estudantes adotaram estratégias inteligentes de enfrentamento da polícia, dispersando-se em pequenos grupos: quando uma manifestação era reprimida durante uma passeata, outra logo se formava nas proximidades, confundindo os policiais. O movimento estudantil teve papel muito importante nessa época no sentido de denunciar a existência da ditadura no Brasil e combatê-la.

O ano de 1968 também foi marcado por outras manifestações de descontentamento com o regime. Trabalhadores metalúrgicos nas cidades de Contagem (MG) e Osasco (SP) fizeram greves em abril e julho. Os sindicatos haviam sido muito reprimidos logo após o golpe permanecendo completamente cerceados: as greves surpreenderam o governo. Do mesmo modo, artistas conhecidos por sua posição crítica foram vítimas de atentados: em julho, o teatro onde era encenado o espetáculo *Roda Viva*, de Chico Buarque, foi depredado; em outubro, a atriz Norma Bengel foi sequestrada em São Paulo, espancada e abandonada no Rio de Janeiro. Os cantores Caetano Veloso e Gilberto Gil foram presos em dezembro.

Esse ano também foi marcado pelo início das ações armadas promovidas pela esquerda revolucionária: em junho, a organização Vanguarda Popular Revolucionária (VPR) conseguiu roubar armas do Hospital Militar, em São Paulo; um soldado, Mário Kozel Filho, morreu durante um atentado à bomba promovido por militantes da esquerda contra o muro do Quartel-general do II Exército, também em São Paulo; em julho, o major do exército alemão Edward von Westernhagen foi assassinado no Rio de Janeiro pelo Comando de Libertação Nacional (Colina), que o confundiu com o capitão boliviano Gary Prado, responsável pela prisão do revolucionário cubano Che Guevara; em outubro, o capitão norte-americano Charles Chandler, que fazia um curso no Brasil, foi assassinado pela esquerda. Mas em julho, a Associação Brasileira de Imprensa (ABI) foi vitimada pela direita, também em um atentado à bomba. Havia grupos clandestinos, como o Comando de Caça aos Comunistas, que promoviam ações violentas, como o atentado contra a ABI ou as intimidações dos artistas. Uma distinção analítica deve ser observada: os estudantes e os artistas faziam uma oposição que podemos classificar como "resistência democrática", diferentemente das iniciativas da esquerda revolucionária, que optou por sequestros de diplomatas, assaltos a bancos e outras ações armadas.

A série de manifestações contra a ditadura ocorrida em 1968 entre os meses de março (quando se deu a morte de Edson Luís) e outubro (quando outro estudante secundarista, José Carlos Guimarães, foi morto em São Paulo) foi usada pela linha dura como pretexto para exigir a reabertura da temporada de punições. No final do mês de agosto, o *campus* da Universidade de Brasília foi invadido pela polícia para reprimir manifestação dos estudantes. Um deles foi atingido por uma bala na cabeça, mas sobreviveu. Alguns filhos de parlamentares estudavam naquela universidade e houve protestos na Câmara dos Deputados contra a violência policial. No dia 2 de setembro, o deputado pelo MDB da Guanabara, Márcio Moreira Alves – jornalista que se notabilizara pela denúncia da tortura logo após o golpe de 1964 no jornal *Correio da Manhã* –, fez um discurso no qual se perguntava: "quando não será o Exército um valhacouto de torturadores?" No dia seguinte, ele fez outro discurso propondo um boicote aos desfiles do Dia da Independência, que se aproximava, e sugerindo, ironicamente, que as moças "que dançam com os cadetes e namoram os jovens oficiais" nos bailes dos colégios militares os evitassem. Os discursos do deputado não tiveram grande repercussão na imprensa, mas serviriam como pretexto para os militares da linha dura radicalizarem o regime.

O ministro do Exército, Lyra Tavares, logo no dia 5, enviou ofício ao presidente Costa e Silva afirmando que os discursos de Márcio continham "agressões verbais injustificáveis" e se disse confiante nas providências que o presidente tomaria. O presidente incumbiu o ministro da Justiça de iniciar um processo. Os ministros da Aeronáutica e da Marinha também se posicionaram contra os discursos e pediram que os direitos políticos do parlamentar fossem suspensos por dez anos. O chamado "caso Moreira Alves" se arrastaria por algum tempo em meio a uma atmosfera de radicalização política.

No final de setembro, o *campus* da Universidade Federal de Minas Gerais também foi invadido pela polícia e, no início de outubro, seria a vez da Universidade de São Paulo, cuja Faculdade de Filosofia, Letras e

Ciências Humanas foi atacada pelo Comando de Caça aos Comunistas. No dia 12 de outubro, muitos estudantes foram presos em Ibiúna (SP) durante o XXX Congresso da União Nacional dos Estudantes (UNE) – que estava na clandestinidade.

O presidente Costa e Silva estava sob intensa pressão. Em novembro, os ministros militares ameaçaram renunciar se Márcio Moreira Alves não fosse punido. Militares exaltados planejavam lançar um manifesto clamando pela necessidade de "uma revolução dentro da revolução". O ministro do Interior, general Albuquerque Lima, dizia ser preciso estender o regime "por dez anos, se necessário, para [a 'revolução'] realizar tudo aquilo que não soube ou simplesmente não teve coragem de fazer".

Como Costa e Silva não contava com instrumentos discricionários para punir o deputado, foi necessário seguir o caminho constitucional. O procurador-geral da República enviou uma representação ao Supremo Tribunal Federal (STF) pedindo que aquela corte solicitasse à Câmara dos Deputados licença para processar o parlamentar. Aliomar Baleeiro, então ministro do STF, relator do caso, despachou favoravelmente o pedido. O presidente do STF, na sequência, o enviou à Câmara dos Deputados. A questão deveria passar pela Comissão de Constituição e Justiça da Câmara e o governo sabia que seria derrotado porque alguns deputados governistas se declararam contra a licença. Eles foram imediatamente substituídos, causando indignação na Câmara diante da rudeza da medida. Djalma Marinho, que presidia a comissão e era do partido do governo, fez discurso emocionado no qual citava passagem de Calderón de la Barca: "ao rei tudo. Menos a honra". Quando o pedido foi afinal aprovado pela comissão reformulada, no dia 10 de dezembro, Djalma Marinho renunciou à presidência. No dia 12, o pedido chegou ao plenário e a votação se estendeu por horas. Finalmente, confrontando os militares, a Câmara dos Deputados rejeitou o pedido de suspensão das imunidades parlamentares de Márcio Moreira Alves por 216 votos contra 141 e 12 abstenções. Celebrando o resultado, os parlamentares cantaram o Hino Nacional.

No dia seguinte, o Conselho de Segurança Nacional aprovou o Ato Institucional n. 5, tornando perenes os poderes discricionários que atribuía ao presidente da República. O Congresso Nacional foi fechado. Pouco tempo depois, Costa e Silva faria um discurso dizendo: "sempre que imprescindível, como agora, faremos novas revoluções dentro da revolução".

Era o que a linha dura queria ouvir. O AI-5 tornou o regime uma indiscutível ditadura, reabriu a temporada de punições e serviu de base para a montagem dos aparatos que constituíram a repressão política.

O discurso oficial dizia que o ato era uma reação às manifestações de 1968 e ao discurso de Márcio Moreira Alves, mas, na verdade, ele expressou a vitória da linha dura, que, havia muito tempo, vinha demandando a retomada da "operação limpeza". O que movia esses militares radicais era uma espécie de "utopia autoritária" segundo a qual o Brasil só se tornaria uma "grande potência" se eliminasse a subversão e a corrupção que eles entendiam marcar, sobretudo, os políticos civis. Para tanto, seria preciso cassar mais mandatos de parlamentares, suspender direitos políticos de outros civis e prender quem fizesse oposição. A antecedência do AI-5 em relação aos episódios de 1968 é simples de demonstrar. O terreno vinha sendo preparado desde o início do ano, antes, portanto, do assassinato de Edson Luís. Em janeiro, o general Jayme Portella de Mello, chefe do Gabinete Militar de Costa e Silva, aprovou no Conselho de Segurança Nacional o chamado Conceito Estratégico Nacional, documento que estabelecia várias diretrizes governamentais e definia todo cidadão como responsável pela segurança nacional. Segundo Portela, esse documento seria "um verdadeiro 'Alcorão', no qual todos os aspectos da política de governo estão estabelecidos. Por isso, qualquer plano ou projeto a ser elaborado deve obedecer ao que ele estabelece".

Os regimes militares latino-americanos amparavam-se nessa concepção de "segurança nacional" que visava, sobretudo, combater o comunismo. Pouco antes da posse de Costa e Silva, Castelo Branco havia introduzido na Lei de Segurança Nacional a concepção de que se vivia uma "guerra interna" e, portanto, o "inimigo" – além de eventuais ameaças externas – era o brasileiro "subversivo". Essa concepção amparou a criação dos sistemas que moldaram o aparato repressivo. O Conceito Estratégico Nacional determinou uma completa reformulação dos órgãos de segurança e informações e estabeleceu que as forças federais e estaduais deveriam atuar de maneira conjunta no combate à "subversão" – isto é, aos comunistas e a todos que fossem acusados de contestar o regime militar. Em julho de 1968, Costa e Silva, em função das manifestações, havia consultado o Conselho de Segurança Nacional para saber "se o momento impõe medida de exceção ou não". Na ocasião, documento assemelhado ao que seria o AI-5 lhe foi apresentado, mas o presidente decidiu não adotá-lo naquele momento. Ainda assim, determinou que o Alto-comando do Exército estudasse procedimentos para a manutenção da ordem e que os ministros militares tomassem providências para coibir o "Estado contrarrevolucionário".

Com a decretação do AI-5, a linha dura pôde criar sistemas muito sofisticados de repressão. Um dos mais abrangentes foi o Sistema Nacional de Informações (Sisni). Logo após o golpe, em junho de 1964, por imposição do governo militar, o Congresso Nacional havia aprovado a criação do Serviço Nacional de Informações – SNI, sigla que se tornaria famosa e temida –, órgão responsável por recolher informações de brasileiros suspeitos aos olhos do regime. Mas o SNI funcionou precariamente até 1968. Em janeiro desse ano, seu chefe, o general Emílio Garrastazu Médici (que sucederia Costa e Silva na Presidência da República), deu nova organização ao SNI, criando subseções do órgão em cada ministério e outras repartições governamentais, inclusive nas empresas estatais e universidades federais. Eram as chamadas Divisões de Segurança e Informações (DSI), instaladas nos ministérios e repartições, mas subordinadas, efetivamente, não aos ministros e demais dirigentes, mas ao chefe do SNI. Com isso, o SNI passou a espionar e controlar a vida de milhares de brasileiros que podiam, a qualquer momento, ser acusados de subversão e, em decorrência, ser presos.

Não é difícil imaginar como as DSI podiam intimidar até mesmo um ministro, um presidente de estatal ou um reitor de universidade: elas produziam "informes", análises ameaçadoras. Quando um dirigente recebia esses papéis, pensava duas vezes antes de promover algum funcionário "suspeito" ou de adotar alguma ação que pudesse descontentar a linha dura – ou, como ela passou a ser conhecida na época, a "comunidade de informações". O SNI e as DSI, espalhadas por todo o Brasil, compunham o Sisni. O chefe do SNI tinha *status* de ministro de Estado e assessorava diretamente o presidente da República, tornando-se um dos ministros mais importantes. No auge de sua atuação, o sistema chegou a contar com 2.500 funcionários, inclusive colaboradores espontâneos ou remunerados. Em 1971, foi criada a Escola Nacional de Informações (EsNI) para treinar militares e civis na atividade de "informação" – eufemismo que encobria a prática da espionagem. A escola treinava, por ano, aproximadamente 120 pessoas, a maior parte formada por civis selecionados previamente pelos diversos ministérios. As DSI que atuavam nos ministérios civis e repartições públicas tinham uma estrutura assemelhada: contavam com um diretor – um oficial superior integrante da linha dura nomeado pelo presidente da República – e seções de informações, de segurança e de administração compostas por uma média de, aproximadamente, trinta funcionários. Basicamente, o que faziam era produzir papéis, "informes" e dossiês que incriminavam as pessoas suspeitas de "subversão". Havia uma classificação cuidadosa de tais papéis tendo em vista a fidedignidade da fonte da informação (identificada com letras entre "A" e "F") e a veracidade de seu conteúdo (classificada com números entre 1 e 6). Assim, uma informação tida como verdadeira e proveniente de fonte altamente confiável recebia o código "A1". Essas informações eram classificadas como documentos sigilosos nas categorias de "reservado", "confidencial", "secreto" e "ultrassecreto" e eram trocadas entre os diversos órgãos, dependendo de seu conteúdo. Por exemplo, se as DSI do Ministério da Saúde recolhessem informação sobre um professor, esse documento era enviado ao órgão de informações do Ministério da Educação. Assim, embora os documentos fossem sigilosos, eles circulavam por todo o Sisni e eram enviados às autoridades envolvidas na questão para "orientá-las", isto é, pressioná-las a agir conforme os desígnios da comunidade de informações.

O trabalho desses órgãos era normalmente malvisto: os ministros e dirigentes de repartições públicas avaliavam que eles eram um enclave indevido. Foram frequentes os desentendimentos. Esse é um aspecto importante para entendermos que a ditadura militar não funcionou como um bloco monolítico: havia conflitos internos entre as diversas agências que compunham o regime, sobretudo entre militares e civis moderados identificados com Castelo Branco – os "castelistas" – e a linha dura identificada com Costa e Silva e oficiais generais radicais.

Além das DSI que atuavam nos ministérios civis e repartições públicas, havia órgãos de informações nos ministérios militares. Na época, os comandantes das Forças Armadas tinham o *status* de ministro. Os órgãos de informações dos ministérios militares também compunham o Sisni, mas tinham muito mais poder do que as DSI. No Exército, havia o Centro de Informações do Exército (CIE); na Marinha, o Centro de Informações da Marinha (Cenimar); e, na Aeronáutica, o Centro de Informações de Segurança da Aeronáutica (Cisa). A brutalidade com que agiam tornou essas siglas muito temidas pela esquerda e demais opositores do regime. CIE, Cenimar e Cisa não eram apenas órgãos de informações, não faziam somente espionagem, mas atuavam também nas "operações de segurança" – prisões e interrogatórios. Essa é uma distinção importante. A tortura e o "desaparecimento" de inimigos do regime (isto é, o assassinato dessas pessoas) eram feitos pelos órgãos de segurança, como veremos. Órgãos de informações, como as DSI, apenas recolhiam dados e os analisavam. Entretanto, o CIE, o Cenimar e o Cisa eram órgãos mistos – tanto recolhiam informações como faziam "operações de segurança" sempre seguidas de tortura e, muitas vezes, de assassinatos. Por essa razão se tornaram tão temidos. Seus documentos secretos, até hoje, são desconhecidos, embora tenhamos acesso aos papéis das DSI.

O Sisni também atuava no exterior por meio da rede de adidos militares que serviam nas embaixadas brasileiras. Esses oficiais mandavam informações, sobretudo, a respeito do comportamento dos brasileiros que tiveram de deixar o país em função da repressão – os exilados políticos. Infelizmente, o próprio Ministério das Relações Exteriores (MRE), cujos diplomatas de carreira sempre foram considerados exemplo de profissionalismo, também colaborou com a repressão: além dos adidos militares, que se articulavam com seus respectivos ministros e com as DSI do ministério, o MRE contava com o Centro de Informações do Exterior (CIEx).

Essa era a "comunidade de informações". Ela desenvolveu técnicas aprimoradas de inculpação dos brasileiros suspeitos aos olhos do regime. A principal técnica consistia na alimentação contínua de dossiês que continham informações sobre o cotidiano de determinada pessoa. A participação em uma manifestação de protesto, a simples visita a alguém tido como "esquerdista" ou "subversivo", tudo era continuamente anotado. Caso fosse "conveniente" punir essa pessoa em algum momento, as anotações eram usadas. Os agentes de informações registravam não apenas questões políticas, mas, frequentemente, anotavam o que pareciam ser, a seus olhos, "desvios morais", relativos, por exemplo, à sexualidade ou ao comportamento dos investigados. Padres eram acusados de "terem amantes", políticos eram malvistos por serem homossexuais. Trata-se de aspecto importante porque a repressão durante o regime militar foi marcada não só pelo anticomunismo, mas também por forte moralismo que caracterizou aquela época em que os costumes mudaram radicalmente. O movimento feminista – após a introdução da pílula anticoncepcional – liberou o corpo das mulheres, e a juventude, sob a influência do movimento hippie, do rock e do uso de drogas, parecia ser uma ameaça para as mentes mais conservadoras. Também é importante destacar que a espionagem atingia as pessoas comuns, não apenas as que faziam oposição na luta armada ou na resistência democrática. Isto é, um cidadão comum, mesmo politicamente apático, que parecesse uma ameaça aos olhos do regime, era igualmente vigiado e, eventualmente, punido com interrogatórios violentos e, até mesmo, tortura e assassinato.

Após o AI-5, a repressão contra as manifestações sociais, que, até então, era executada pela polícia, passou a ser feita por órgãos clandestinos, criados por diretrizes secretas, graças às providências tomadas pelo general Portella no Conselho de Segurança Nacional. Esses órgãos foram os principais responsáveis pelas maiores brutalidades cometidas pelo regime militar. Formavam o Sistema de Segurança Interna do País – o Sissegin, o segundo sistema do aparato de repressão política que a linha dura criou baseada no ato.

Para a linha dura, a polícia era ineficiente para combater a "subversão", porque os departamentos de ordem política e social das secretarias estaduais de segurança pública seriam lentos e desaparelhados, isto é, a polícia civil seria incapaz de controlar os opositores do regime. A mesma avaliação era feita em relação à Polícia Federal. A linha dura já havia obtido algumas concessões, como a adoção de foro especial para crimes políticos, que passaram a ser julgados pelos tribunais militares, e a suspensão do *habeas corpus* – que veio com o AI-5. Essa foi uma grande deformação da justiça brasileira. A Lei de Segurança Nacional agravou as penas, porém os radicais exigiam mais.

Uma das inspirações do Sissegin foi a Operação Bandeirantes (Oban), surgida em São Paulo em julho de 1969. A Oban foi criada especificamente para combater o que os militares chamavam de subversão e terrorismo. A esquerda revolucionária vinha promovendo ações armadas na cidade, como vimos, inclusive assaltos a bancos que eram feitos para financiar a manutenção de seus integrantes que viviam na clandestinidade. Esses assaltos começaram em dezembro de 1967, realizados pela Aliança Libertadora Nacional (ALN), uma das organizações da esquerda revolucionária, e surpreenderam a polícia – que só foi descobrir que aqueles não eram assaltos comuns em novembro de 1968. Banqueiros e empresários exigiram providências e decidiram apoiar, inclusive financeiramente, a Oban.

A Oban, subordinada ao II Exército, buscou coordenar diversas instâncias, como a Marinha, a Aeronáutica, a Polícia Militar, a Polícia Federal e as forças policiais do Estado, além do próprio Exército. Foi a estrutura da Oban que serviu como modelo para a criação do principal aparato do Sissegin, o sistema DOI-Codi, uma das siglas mais assustadoras da época por causa das barbaridades que cometeu. Codi significava "Centro de Operações de Defesa Interna" e DOI "Destacamento de Operações de Informações". Os Codis faziam planejamento, eram dirigidos pelo chefe do Estado-Maior do Exército da área e compunham-se de representantes do distrito naval, da força aérea, da polícia civil estadual, da Polícia Federal e da agência local do SNI – além do próprio Exército. Os DOIs faziam o "trabalho sujo", prisões e interrogatórios, durantes os quais acontecia a tortura. A opção por um "destacamento" é claramente militar: diferentemente das "companhias", "batalhões" ou "regimentos", os destacamentos não possuem uma composição fixa, eram flexíveis. Podiam se adequar às necessidades de cada operação, com grande mobilidade e agilidade. Normalmente, eram comandados por um tenente-coronel.

Em julho de 1969, uma diretriz secreta do presidente Costa e Silva instituiu o sistema. O marechal, entretanto, ficou doente, teve um derrame, e foi substituído por uma junta formada pelos três ministros militares, que impediram a posse do vice-presidente, Pedro Aleixo, julgado suspeito por ter sido o único membro do Conselho de Segurança Nacional a se posicionar contra o AI-5. A diretriz de Costa e Silva foi reformulada pela Junta Militar consolidando o Sissegin com base na Oban, "sistemática que, com sucesso, vem sendo adotada nesse campo". O Sisni havia sido instituído por decretos públicos, mas o Sissegin surgiu a partir de documentos secretos. A razão é simples: a busca de informações poderia ser justificada, mas a prisão arbitrária, a tortura e o assassinato de pessoas precisavam ser escondidos da população.

Todos os governadores foram orientados a colaborar com os DOI-Codis. O país foi dividido em seis "zonas de defesa interna" (ZDIS) sob a responsabilidade do comandante do Exército de cada região. Na época, as grandes unidades da força terrestre abrangiam determinada região do país sendo denominadas I Exército (Rio de Janeiro, Minas Gerais e Espírito Santo), II Exército (São Paulo), III Exército (Sul), IV Exército (Nordeste), Comando Militar do Planalto (Brasília) e Comando Militar da Amazônia.

Os DOI-Codis do Rio de Janeiro, de São Paulo (em substituição à Oban), do Recife e de Brasília foram criados no segundo semestre de

1970. No ano seguinte foram implantados os de Curitiba, Belo Horizonte e Belém. O de Porto Alegre viria em 1974. Eles contavam com setores especializados em "operações externas" (buscas e prisões), informações, contrainformações, interrogatórios e análises, além de assessoria jurídica e policial e setores administrativos. Funcionavam 24 horas por dia em um sistema de plantões. Contavam com veículos e equipamentos de comunicação. Atuavam nos DOIs oficiais, sargentos, cabos e soldados do Exército e das polícias militares, delegados e investigadores da polícia civil, agentes da polícia federal e militares da Aeronáutica e da Marinha. Mulheres da polícia feminina também colaboravam. Médicos acompanhavam os interrogatórios garantindo que as vítimas podiam continuar sob tortura. Operadores de rádio, mecânicos e datilógrafos completavam o quadro. Calcula-se que cerca de mil pessoas estiveram envolvidas nessa atividade. Segundo o Sissegin, o Exército destinava cerca de 600 homens aos DOI-Codis. O pessoal do Exército ou das polícias militares recebia gratificação especial. Delegados e investigadores das polícias civis eram promovidos por merecimento depois de algum tempo de atuação. O uso de codinome era obrigatório, bem como de trajes civis, pois os agentes não podiam ser identificados.

A atividade principal dos DOIs consistia na prisão e interrogatório de militantes da esquerda. A tortura foi frequentemente utilizada, pois o principal objetivo da repressão era obter informações rapidamente, antes que a prisão fosse descoberta, pois os militantes da esquerda revolucionária desenvolveram um procedimento conhecido como "ponto", encontros que, se não ocorressem, denunciariam um problema.

Apesar de a opção pelo destacamento ter garantido agilidade aos DOIs, os conflitos foram frequentes entre membros da Polícia Civil e militares, entre analistas de informações desse ou daquele órgão. Os militares não compunham um todo homogêneo, como já vimos. Os castelistas não viam com bons olhos a ação da "comunidade de segurança e informações", embora tenham sido coniventes. Poucos denunciaram a tortura. O general Octávio Costa, um moderado, garante que teria se afastado do Exército caso fosse obrigado a ceder, para prisões e interrogatórios, as instalações do Forte Duque de Caxias onde ele comandava o Centro de Estudos de Pessoal do Exército. O capitão Sérgio Miranda de Carvalho denunciou o brigadeiro João Paulo Burnier, que pretendia realizar atentados violentos no Rio de Janeiro.

Uma das bandeiras dos golpistas de 1964 era o combate à corrupção. Os militares viam os políticos como demagógicos e subornáveis. Esse era um discurso ético-moral que supunha, mais amplamente, que os brasileiros eram despreparados, incapazes de viver a democracia, sendo necessário, portanto, prepará-los, coibir práticas como a corrupção e outros "desvios". Alguns oficiais-generais insistiam na necessidade de combate à corrupção, que julgavam ter sido deixado de lado pelo governo de Castelo. O AI-5 também contemplaria esse grupo: quatro dias após a edição do ato, foi criada a Comissão Geral de Investigações (CGI) com o propósito de confiscar os bens de funcionários públicos acusados de corrupção, de "enriquecimento ilícito". O órgão era vinculado ao Ministério de Justiça, sendo presidido por seu titular, mas quem conduzia efetivamente os trabalhos era seu vice-presidente, um general. Com sede na cidade do Rio de Janeiro e subseções nos estados, a comissão também compunha um dos sistemas do aparato de repressão – o "Sistema CGI". Funcionários públicos foram cedidos para fazer esse trabalho. A CGI, entretanto, teve funcionamento precário. Seu objetivo principal era propor ao presidente da República decretos de confisco dos bens dos acusados, mas as investigações eram mal conduzidas e, quando chegavam ao ministro da Justiça, eram questionadas. Foram poucos os decretos de confisco. Entre 1969 e 1973, a CGI abriu 1.153 processos: mil foram arquivados. Das 58 propostas de confiscos enviadas ao presidente da República, apenas 41 foram assinadas.

Apesar disso, a CGI teve grande visibilidade. O combate à corrupção costuma mobilizar a opinião pública. Os jornais noticiavam as investigações da CGI. O órgão, na verdade, era uma espécie de tribunal de exceção, pois foi criado após os supostos "crimes" que investigava, afrontando os princípios da ampla defesa e do contraditório, entre outros preceitos do devido processo legal. Uma das técnicas utilizadas pela CGI expressava o propósito, por assim dizer, "pedagógico" dos militares que a integravam: frequentemente, a comissão convocava pessoas para prestar esclarecimentos apenas para intimidá-las com a pretensão de coibir atos de corrupção ou práticas ilícitas que pudessem estar praticando. Era o que chamava de "ações catalíticas", isto é, iniciativas que supostamente propagariam uma onda de cautela entre potenciais corruptos.

Apesar de ter um objetivo em tese louvável, a CGI era, na prática, parte da repressão política. Entretanto, seria o primeiro aparato da repressão desmontado pelo regime. O penúltimo general presidente, Ernesto Geisel, considerava que "faltava, nesses inquéritos [da CGI], um sentimento objetivo e prático". A comissão foi desativada no final de seu governo.

A visibilidade da CGI indica que os diversos aparatos da repressão política tinham caráter diferenciado: os órgãos de informações, como as DSIs, eram repartições conhecidas e tinham existência legal. A violência praticada pelos DOI-Codis foi negada pelos militares até quando isso foi possível. Ademais, como vimos, sua criação baseou-se em diretrizes secretas, não em legislação ordinária, como no caso do Sisni. Já a CGI, longe de ser negada, foi utilizada pelos militares como instrumento de legitimação do regime.

A propaganda política também era legalizada e assumida orgulhosamente pelo regime. Ela consistia em pequenos "comerciais" (ou "filmetes", como os designavam seus produtores) que passavam na televisão. Eles eram produzidos pela Assessoria Especial de Relações Públicas (Aerp), ligada à Presidência da República, órgão criado ainda no mandato de Costa e Silva, no começo de 1968. Desde 1964, setores do governo militar insistiam com Castelo Branco para que ele fizesse propaganda, mas o marechal não aprovava a ideia porque temia ser comparado com o DIP, órgão que, no Estado Novo, cuidava da imagem de Getúlio Vargas. Castelo era antigetulista. Na Segunda Guerra Mundial, lutou com a FEB na Itália contra o nazismo e tinha horror ao velho DIP, cuja imagem ficou associada à ditadura varguista de feições fascistas. Castelo supunha que a verdade se impõe por si só. Entretanto, com a chegada da linha dura ao poder, no governo de Costa e Silva, as resistências foram superadas. O velho marechal tinha imagem controvertida, sendo alvo de piadas e ironias. O coronel Hernani D'Aguiar conseguiu convencê-lo a criar a assessoria. A propaganda feita por D'Aguiar era ufanista, sublinhando elementos da suposta "grandiosidade brasileira", de modo que não era bem-vista por parecer muito "oficial".

Desde a Segunda Guerra Mundial, em função do nazismo, o público habituou-se a desconfiar da propaganda com ares oficiais, que recorria a elementos marciais, porta-estandartes, bandeiras, hinos e paradas militares.

A inventividade do sucessor de Hernani D'Aguiar na Aerp, o então coronel Octávio Costa, consistiu exatamente em não fazer propaganda desse tipo. Quando ele assumiu, já no governo do general Emílio Garrastazu Médici (1969-1974), criou algo novo. Seus "filmetes" falavam de participação e amor. Mostravam famílias felizes, a suposta ausência de racismo no Brasil e também faziam campanhas de utilidade pública, ensinando os brasileiros a serem civilizados, higiênicos e educados. As campanhas de segurança no trânsito eram impactantes, com imagens fortes de acidentes e *slogan* que ficou famoso: "não faça de seu carro uma arma, a vítima pode ser você". Alguns "filmetes" eram desenhos animados e faziam grande sucesso entre o público infantil, como foi o caso do personagem Sugismundo, que ensinava: "povo desenvolvido é povo limpo". Na época da "Semana da Pátria", em comemoração ao 7 de Setembro, Octávio Costa sempre optava por ensinar as crianças a fazer algo concreto, como pipas, cata-ventos ou "gaivotas" de papel nas cores verde e amarela. Com isso, as cidades se enchiam desses símbolos lúdicos de patriotismo.

Esses comerciais eram feitos por agências de publicidade profissionais que se beneficiaram muito, na época, com os recursos obtidos do governo. Octávio Costa definia um tema e escolhia a melhor entre as diversas propostas que as agências concorrentes apresentavam. Isso fez com que seus "filmetes" fossem bem acabados, chegando ao ponto de as empresas comerciais pedirem aos publicitários que fizessem comerciais "como os da Aerp" para elas. As músicas eram cuidadosamente escolhidas e algumas fizeram muito sucesso, sendo lembradas até hoje. Os irmãos Dom e Ravel compuseram algumas das mais famosas, gravadas pelo conjunto Os Incríveis. Esses artistas permaneceriam para sempre estigmatizados como colaboradores da ditadura. Entretanto, suas canções, aproveitadas pela Aerp, repercutiam bastante. Por ocasião da Copa do Mundo de 1970, fez sucesso a música "Eu te amo meu Brasil", que dizia: "Eu te amo, meu Brasil, eu te amo / Meu coração é verde, amarelo, branco, azul-anil / Eu te amo, meu Brasil, eu te amo / Ninguém segura a juventude do Brasil". Outra cantada por todos foi "Marcas do que se foi":

> Este ano quero paz
> No meu coração
> Quem quiser ter um amigo
> Que me dê a mão

O tempo passa e com ele
Caminhamos todos juntos
Sem parar
Nossos passos pelo chão
Vão ficar

Marcas do que se foi
Sonhos que vamos ter
Como todo dia nasce
Novo em cada amanhecer

O coronel Octávio Costa era um militar intelectualizado, perfil não muito comum entre seus pares, conhecedor da literatura e da sociologia brasileiras. Sua concepção de Brasil era claramente inspirada nas ideias de Gilberto Freyre, autor famoso por ter sustentado que nosso país era uma "democracia racial", já que a escravidão, aqui, não teria sido tão marcada pela violência, como em outros países. Essa visão benevolente sobre o passado associava-se, na propaganda política da Aerp, a uma perspectiva otimista sobre o futuro segundo a qual o Brasil estaria fadado a ser uma grande potência graças à riqueza de seus recursos naturais e à peculiaridade de seu povo – otimista, hospitaleiro e feliz. Octávio Costa usou, inteligentemente, algumas crenças do imaginário social brasileiro e, desse modo, fez uma propaganda política que não parecia ser propaganda – razão do seu sucesso. Temas populares como o futebol foram utilizados, sobretudo depois da vitória do Brasil na Copa do Mundo de 1970. Foi nessa ocasião que a Aerp lançou o famoso *slogan* "Ninguém segura o Brasil", frase inspirada no bom desempenho da seleção dita pelo próprio general Médici, fã de futebol. Ele havia dado um palpite certeiro sobre o resultado da partida final entre as seleções do Brasil e da Itália: o Brasil, de fato, ganhou por 4 a 1. Com imagem popular, Médici frequentava estádios de futebol com um radinho de pilhas no ouvido para acompanhar a transmissão do jogo e era aclamado pelos torcedores.

Os "filmetes" da Aerp eram sempre curtos, mostravam belas imagens – aproveitando-se do recente surgimento da TV em cores no país. Muitas vezes, quase não tinham falas. Encerravam-se sempre com uma frase de impacto: "É tempo de construir", "Ontem, hoje e sempre: Brasil!", "Você constrói o Brasil", "O Brasil merece o nosso amor".

Octávio Costa era frequentemente entrevistado pelos jornais, tornou-se uma figura pública. A Aerp dava a impressão de ser uma agência todo-poderosa, mas ela era malvista pela linha dura, que chamava o coronel de "poetinha besta". Costa havia se notabilizado por ter escrito o discurso de posse de Médici, que foi muito impactante, quase poético. Como Médici assumiu às pressas, depois da doença de Costa e Silva e do interregno da Junta Militar, o coronel não tinha nada de efetivo a dizer, porque não havia um programa de governo. Optou por fazer um discurso vago, poético, que, entretanto, impactou a opinião pública que ali viu sinais de uma possível distensão do regime. Médici, general sem nenhuma habilidade retórica, surpreendeu a todos dizendo "neste momento, sou oferta e aceitação".

Para a linha dura, a propaganda da Aerp não passava de "perfumaria". O grupo advogava a necessidade de se fazer "contrapropaganda" ou "guerra psicológica", isto é, se contrapor às críticas da esquerda. Foi exatamente contra a propaganda da Aerp que esses setores radicalizados lançaram o famoso *slogan* "Brasil: ame-o ou deixe-o", que muitos associaram indevidamente à Aerp. Octávio Costa sempre se amargurou por ser identificado como o autor dessa frase, que, na verdade, é uma tradução do original norte-americano "*Love it or leave it*". Também em contraposição à Aerp, a linha dura fez divulgar depoimentos de militantes da esquerda que se diziam arrependidos do comunismo e da luta armada.

Octávio Costa sonhava alto, supunha ser possível convencer Médici a redemocratizar o país, como outros assessores pensaram em fazer o mesmo em relação ao presidente Costa e Silva. A institucionalização do regime era o horizonte desses moderados: eles supunham que os generais-presidentes poderiam se render à necessidade de liberalização do regime, mesmo que fosse preciso introduzir na constituição algumas "salvaguardas" de viés discricionário. Octávio Costa percebeu, ademais, que a popularidade de Médici expressava um momento único, adequado à retomada do processo democrático, até porque, tendo apoio popular, Médici poderia ter feito seu sucessor ou pleiteado a reeleição. A linha dura, entretanto, dava as cartas.

O sucessor de Médici, general Ernesto Geisel, era um castelista e tentou desativar a Aerp, mas, em seu governo – como veremos – ele enfrentou insucessos eleitorais e, afinal, reativou a agência com o propósito de influenciar os eleitores.

# MÚSICA E DITADURA

Durante os anos 1960, fizeram muito sucesso os festivais da canção, concursos transmitidos por emissoras de TV que se tornaram verdadeiras "guerras" de torcidas favoráveis a um ou outro artista. As vaias eram frequentes. Para os artistas, participar daqueles festivais exigia sangue-frio.

Alguns perdiam o controle ante a reação desfavorável do público. Caetano Veloso reagiu às vaias a sua canção "É proibido proibir" com discurso exaltado no qual acusou a plateia de não estar entendendo nada e questionando: "– Essa é a juventude que diz que quer tomar o poder? Se vocês forem em política como são em estética, estamos feitos". Com roupas chamativas e usando guitarras, Caetano provocava o público. Em outro festival, o compositor Sérgio Ricardo – que participava do "Movimento de Música de Resistência" –, inconformado com as vaias a sua música "Beto Bom de Bola", quebrou seu violão e o lançou, despedaçado, nos espectadores.

Na época, o mercado fonográfico brasileiro vivia momento de grande prosperidade. O sucesso da Bossa Nova, da Jovem Guarda, da Música Popular Brasileira (MPB) e do Tropicalismo estimulava a venda de discos. Compositores e intérpretes tinham contratos com as gravadoras que os obrigavam a lançar ao menos um disco por ano. Os festivais da canção estimularam a popularização dos artistas. As disputas entre as diversas tendências não era de todo artificial, pois havia diferenças ideológicas reais entre elas.

A Bossa Nova havia rompido com o padrão dos velhos sambas-canções cantados com grandiloquência, chamando a atenção para a delicadeza melódica desde que João Gilberto lançou seu famoso disco "Chega de saudade" em 1958. A tendência tornou-se sucesso reconhecido inclusive internacionalmente. Como uma espécie de cópia da versão mais açucarada dos Beatles, havia a Jovem Guarda, voltada para o público adolescente. Artistas como Caetano Veloso e Gilberto Gil propunham combinações mais ousadas, mesclando influências internacionais com ritmos nacionais tradicionais por meio do Tropicalismo. Nos festivais, também eram frequentes as "canções de protesto", que, tentando driblar a censura, procuravam criticar o regime militar.

No Festival Internacional da Canção, promovido pela TV Globo em 1968, o compositor Geraldo Vandré concorreu com sua canção "Pra não dizer que não falei de flores", típica música de protesto que enaltecia a resistência ao regime militar. Quando foi anunciado o resultado, com Vandré em segundo lugar, irrompeu estrepitosa vaia. Os vencedores, Chico Buarque e Tom Jobim, mal conseguiram ouvir a interpretação de sua música, "Sabiá", pela dupla Cynara e Cybele.

O ministro do Exército, Lyra Tavares, pediu ao intelectualizado coronel Octávio Costa que escrevesse uma resposta a Vandré no *Jornal do Brasil*. A resposta de Costa agradou aos militares e ele prosseguiu escrevendo crônicas para o jornal. Foi essa atividade que o notabilizou, razão pela qual o coronel seria convidado, no futuro, a fazer a propaganda política do regime na Aerp.

A Aerp é a expressão mais acabada da dimensão pedagógica da utopia autoritária. Aqui, quando falamos em "utopia", não devemos supor a perspectiva generosa de horizonte de felicidade, mas de projeto irrealizável. Do mesmo modo, ao associarmos essa utopia a uma perspectiva pedagógica, não devemos nos esquecer de que se tratava de uma pedagogia autoritária. Mas a Aerp realmente expressava uma pedagogia: os brasileiros eram despreparados e precisavam receber noções básicas até mesmo de higiene e de civilidade urbana. Ela foi conduzida por militares que se associavam, como um todo, à mesma utopia autoritária a que se filiava a linha dura – na medida em que todos supunham que fosse possível tornar o Brasil uma grande potência, desde que eliminados alguns obstáculos. Entretanto, a linha dura não tinha um projeto "pedagógico", mas "saneador": diferentemente de "educar", era preciso "extirpar" do país todos os que contestassem tal projeto. Portanto, é possível afirmar que os militares compartilhavam uma utopia autoritária, mas ela se subdividia em, ao menos, duas dimensões: uma saneadora e outra pedagógica.

O governo do general Médici correspondeu à fase de maior repressão, com muitas prisões, tortura e "desaparecimentos". Entretanto, ele esteve à frente do chamado "milagre brasileiro", como ficaria conhecida a fase durante a qual o crescimento econômico do país atingiria taxas muito elevadas. O excepcional crescimento econômico do período foi evidentemente utilizado pela propaganda da Aerp.

De fato, entre 1968 e 1973, o PIB cresceu em média 11,2%, alcançando 14% em 1973. O crescimento havia sido bem modesto nos anos anteriores: 2,4% em 1965 e 4,2% em 1967, por exemplo. O saneamento financeiro promovido durante o governo Castelo Branco havia resultado em recessão, mas a credibilidade externa foi restaurada e, com o razoável equilíbrio das contas públicas, os governos seguintes puderam adotar políticas de subsídios e incentivos fiscais. Os bancos foram estimulados, por meio da redução dos "depósitos compulsórios". Em contrapartida, os juros eram baixos.

Houve uma grande expansão do crédito subsidiado à agricultura a partir de 1967. A soja apareceu como item importante nas exportações. O café, de que o Brasil sempre fora dependente, perdeu peso relativo. Houve também uma expressiva mecanização da agricultura, favorecendo a produção industrial de tratores, colheitadeiras e caminhões.

As exportações foram estimuladas com isenções de impostos e crédito abundante. O Brasil começou a exportar produtos manufaturados, como têxteis, calçados e até motores, algo impensável nas décadas anteriores durante as quais o país dependia da monocultura exportadora de café. O governo adotou a política de minidesvalorizações cambiais, evitando mudanças bruscas no valor da moeda, o que tornava o planejamento das exportações mais fácil.

A produção de bens de consumo foi protegida, e eram baixas as tarifas de importação de equipamentos e produtos utilizados para a produção de outros – os chamados "produtos intermediários", componentes em geral. Houve grande crescimento industrial centrado na produção de bens de consumo duráveis, com grande benefício para a indústria automobilística. Os novos governos aproveitaram a capacidade ociosa que havia, em função da recessão durante o governo Castelo Branco. O crédito ao consumidor também foi ampliado, com prazos de financiamento amplos, permitindo que uma parcela maior da população adquirisse automóveis e eletrodomésticos.

Muitos recursos foram destinados ao Sistema Financeiro da Habitação (SFH) para a construção de moradias. A indústria de construção também foi beneficiada pelas obras de infraestrutura do governo, que afetaram positivamente a produção de cimento, de materiais de construção e assim por diante. Obras de impacto, como a rodovia Transamazônica ou a ponte Rio-Niterói, pareciam indicar que o Brasil realmente se tornaria uma "grande potência".

Durante a fase do chamado "milagre brasileiro", o regime militar recorreu amplamente ao endividamento externo, pois havia oferta abundante de recursos nos mercados financeiros internacionais. Esses recursos financiaram o crescimento apenas de maneira complementar e, sobretudo, permitiram o acúmulo de reservas.

O "milagre", entretanto, durou pouco. A inflação voltaria a crescer a partir de 1973 e a dívida externa acabaria por se tornar um problema: ela passou de US$ 4,5 bilhões em 1966 para US$ 12,6 bilhões em 1973. Doravante, o Brasil teria de desembolsar cada vez mais dólares com o "serviço da dívida" – o pagamento de juros e amortizações.

As negociações salariais eram restritas em todo o período e as greves muito limitadas pelo caráter autoritário do regime. Entre 1964 e 1974, houve perda do poder aquisitivo. O salário mínimo não cresceu e houve forte concentração da renda.

O "milagre brasileiro" garantiu ao general Médici elevados índices de popularidade, ainda que seu governo tenha correspondido ao auge da repressão. O aparente paradoxo explica-se não só pelo "milagre brasileiro", mas também pela censura. Enquanto a propaganda política divulgava amplamente as grandes obras, o crescimento econômico e o sucesso do Brasil no futebol, a censura ocultava da população quaisquer sinais que indicassem a brutalidade da repressão política.

Não havia uma, mas duas censuras. Desde os anos 1940, existia a censura de diversões públicas, que cuidava de coibir "atentados à moral e aos bons costumes" no teatro, na música, no cinema e, após os anos 1950, na TV. Era amplamente conhecida do público, pois os certificados de liberação eram exibidos nas bilheterias de teatros e cinemas ou antes dos programas de televisão. A classe teatral era familiarizada com a figura do censor, funcionário que tinha cadeira cativa nos teatros para conferir a "moralidade" das encenações. Essa censura moral era feita por um órgão público, a Divisão de Censura de Diversões Públicas (DCDP). Muitas pessoas chegavam a escrever para a DCDP, denunciando "excessos" e pedindo censura – o que indica que a censura moral era apoiada por setores da sociedade. Uma senhora, moradora de São Paulo, escreveu à censura denunciando "bandalheiras" na TV. Curiosamente, sua carta usou a seguinte forma de tratamento: "Prezada Censura".

A censura moral se consolidou durante o Estado Novo de Vargas, mas cresceu muito durante a ditadura militar por causa do grande sucesso da telenovela brasileira. Os capítulos precisavam ser enviados a Brasília para análise e liberação, o que causava prejuízos às emissoras por causa dos frequentes atrasos. A média anual de capítulos analisados chegou a superar 2 mil. Novelas inteiras foram suspensas. Peças de teatro também. Músicos, que tinham contratos com as gravadoras que os obrigavam a lançar um disco por ano, tinham de negociar com a DCDP a troca de palavras censuradas para viabilizar gravações. Programas de TV transmitidos ao vivo precisavam fazê-lo, na verdade, com pequeno atraso de segundos, para que o censor instalado nos estúdios pudesse eventualmente evitar a transmissão de algum "excesso".

Essa censura das diversões públicas visava especialmente às questões morais: exibição de nudez, uso de palavrões, abordagem de temas chocantes e assim por diante. Durante a ditadura militar, entretanto, ela foi "politizada", pois os censores da DCDP foram obrigados a ficar atentos também às críticas ao regime em filmes, peças e músicas. Por vezes, a DCDP deu sinais de que não gostava de fazer isso, pois seus censores se julgavam educadores, intelectuais ou críticos de arte – não policiais.

A censura propriamente política atingia, sobretudo, a imprensa. Ela era feita por órgão sigiloso na época, desconhecido do público, chamado Setor de Imprensa do Gabinete (Sigab), vinculado à Polícia Federal. Era trabalho bastante amplo. Diariamente, o Sigab enviava aos jornais uma lista com os assuntos proibidos ou simplesmente telefonava para as redações informando as interdições. Os temas censurados variavam. Notícias sobre enfrentamentos entre os órgãos de repressão e militantes da luta armada (como foram frequentes nos casos de assaltos a bancos) eram terminantemente proibidas. Fracassos do governo ou quaisquer fatos que fragilizassem o regime também eram censurados. Quando das sucessões dos generais na Presidência da República, a censura só admitia "transcrição de discursos dos parlamentares, sem cunho sensacionalista". Até mesmo reportagens sobre epidemias chegaram a ser censuradas. As autoridades encaminhavam pedidos de censura ao ministro da Justiça que, por sua vez, os repassava ao Sigab. O CIE usou frequentemente o serviço, sobretudo para encobrir assassinatos como se fossem "suicídios", mas as autoridades civis do Ministério da Educação e Cultura, da Saúde e do Trabalho e Previdência Social também pediam censura.

Alguns veículos foram submetidos à censura prévia, tinham de enviar o material a ser publicado aos censores, mas todos os órgãos estavam sob censura permanente para "impedir a divulgação de notícias ou comentários contrários ao regime e às instituições" – conforme diziam os documentos secretos do regime que hoje conhecemos.

Livros também foram censurados, sobretudo a partir de 1970, mas isso era praticamente inviável diante da enormidade da tarefa. No âmbito do Ministério da Justiça, uma comissão analisava "livros considerados atentatórios à segurança nacional", como dizia a portaria que a criou. *Circuito fechado*, de Florestan Fernandes; *Os conceitos elementais do materialismo histórico*, de Marta Harnecker; *A ilha*, de Fernando Morais; *A mulher na construção do mundo futuro*, de Rosemarie Muraro; *Autoritarismo e democratização*, de Fernando Henrique Cardoso; *Lições de liberdade*, de Sobral Pinto; e *Milagres do Brasil*, de Augusto Boal, foram alguns dos livros censurados. Segundo registrou em um processo o diretor das DSI do Ministério da Justiça, os livros do historiador Caio Prado Jr., *Formação do Brasil contemporâneo* e *Evolução política do Brasil,* estariam "fazendo apologia do regime socialista comunista e tecendo críticas ao regime revolucionário brasileiro".

As censuras do regime militar expressavam a verdadeira paranoia anticomunista que havia entre militares e civis que sustentavam a ditadura. Para eles, a imprensa e a TV eram vítimas de "infiltração comunista" que poderia levar à "comunização da sociedade brasileira". Para o comandante do I Exército, por exemplo, "nas redações de muitos dos grandes jornais, os postos de comando estão entregues a homens que, aberta ou veladamente, esposam ideias de esquerda". Em alguns casos, os militares entendiam que mudanças comportamentais típicas dos anos 1960 e 1970, referidas ao uso de drogas ou à sexualidade, seriam porta de entrada para o comunismo. Um documento sigiloso daquela época, que hoje podemos consultar, afirma: "o uso da droga se constitui num degrau da subversão, face à degradação moral a que conduz o viciado"; outro garante que "a toxicomania não pode deixar de ser encarada, também, como a mais sutil e sinistra arma – do variado arsenal – do movimento comunista internacional, empregada cada vez em maior escala, em suas contínuas e quase sempre clandestinas atividades em busca do domínio do mundo". Outro documento do gênero estabelecia relações entre sexualidade e subversão: haveria "um círculo vicioso de prostituição, de vício e da prática sexual aberta que, fatalmente, leva à indiferença, abrindo caminho à própria subversão". Curiosamente, essa era uma crença compartilhada por setores da sociedade. Cartas de pessoas comuns enviadas às autoridades da época garantiam que "o comunismo começa não é pela subversão política. Primeiro, ele deteriora as forças morais, para que, enfraquecidas estas, possa dar o seu golpe assassino". Assim, a censura não deveria esquecer "que vivemos uma 'guerra total, global e permanente', e o inimigo se vale do recurso da corrupção dos costumes para desmoralizar a juventude do país e tornar o Brasil um país sem moral e respeito". Para essas pessoas, a "degradação moral" seria "a tática dos inimigos da pátria, solapar a família, corromper a juventude, disseminar o amor livre, a prostituição e toda sorte de degradação do povo. Feito isso, nada mais precisa ser feito para se dominar um país".

A censura moral e política integrou o aparato de repressão política da ditadura e também expressava a existência das dimensões saneadora e pedagógica da utopia autoritária que temos mencionado – pois é evidente que a censura moral tinha uma pretensão pedagógica quando procurava evitar que os "atentados à moral e aos bons costumes" corrompessem a sociedade brasileira. Do mesmo modo, a censura política simplesmente extirpava do espaço público tudo aquilo que parecesse inconveniente ao regime.

Essa dupla realidade das censuras pode ser exemplificada com um caso famoso – o da TV Globo. A emissora apoiava o regime. Seus telejornais praticamente expressavam o ponto de vista oficial dos governos militares. Entretanto, novelas e programas de entretenimento da Globo foram muito prejudicados pela censura moral. O sucesso das novelas dessa emissora, sobretudo a partir dos anos 1970, deveu-se à abordagem de temáticas urbanas com perspectiva realista, diferentemente das que vinham sendo exibidas até então. Para conquistar audiência, tratavam de temas chamativos, relacionados à sexualidade e às mudanças comportamentais. Por isso, foram muito atingidas pela DCDP que recomendava cortes e a eliminação de cenas maliciosas, ambientes agressivos, mentiras, consumo de álcool, "ódio marital" e "amor livre".

É a distinção entre a dimensão pedagógica da censura moral e a dimensão saneadora da censura política que explica por que os militares negaram, enquanto foi possível, a existência da última. Ela só foi admitida em 1973, depois que o jornal *Opinião* publicou uma edição que foi confiscada. As matérias tinham sido, como sempre, enviadas à censura, pois o jornal estava sob censura prévia, mas seu retorno atrasou. O jornal decidiu publicar outra edição, apenas com as matérias autorizadas. Foi uma estratégia para impetrar um mandado de segurança contra o governo, junto ao Supremo Tribunal Federal, mostrando a edição integral confiscada e a outra com os cortes. O advogado do *Opinião* foi o ex-ministro do STF, Adauto Lúcio Cardoso: dois anos antes ele havia renunciado, quando do julgamento de outra ação relativa à censura que contestava o decreto que instituiu a censura prévia de publicações contrárias à moral e aos bons costumes. Agora, ele pretendia demonstrar a óbvia ilegalidade da censura política mesmo no contexto legal alterado pela ditadura. Entretanto, no meio do julgamento, o advogado do governo leu uma carta do ministro da Justiça informando que a censura do jornal era feita com base no AI-5. Mas a votação já havia começado e o *Opinião* venceu por seis votos a cinco. Em função disso, no dia seguinte, o presidente Médici anulou a decisão do STF, confirmando que a censura política se baseava no AI-5 – e as decisões decorrentes do ato não podiam ser contestadas pela Justiça.

Como vimos no início deste capítulo, a questão da violência é essencial para o entendimento das ditaduras militares latino-americanas no contexto dos eventos traumáticos que marcaram o século XX. No caso brasileiro, até hoje estamos às voltas com a questão, como veremos no final deste livro. A violência, entretanto, assumiu muitas formas. Certamente, a tortura e o assassinato são suas expressões mais pungentes, mas a espionagem, o cerceamento da Justiça, os julgamentos sumários e as censuras também são formas de violência. Do mesmo modo, devemos igualmente inserir no aparato de repressão a propaganda política, que difundia a ideia do Brasil "país do futuro", enquanto o "milagre econômico", a despeito do crescimento do PIB, não enfrentava a histórica injustiça social brasileira.

A memória sobre o período é prisioneira de muitas polêmicas. Para os militares, o AI-5 decorreu da opção da esquerda revolucionária pela luta armada. Por outro lado, para ex-militantes da esquerda, a opção pelas armas foi uma reação ao endurecimento do regime. Na verdade, entretanto, a opção pela luta armada veio antes, ainda em 1967, pois os comunistas debatiam, havia algum tempo, a melhor estratégia revolucionária, e a opção pelas armas parecia cabível após os sucessos da Revolução Cubana. É bem certo, porém, que a frustração com o AI-5, depois das manifestações de 1968, levou muitos jovens inexperientes a optar pelas ações armadas, boa parte dos quais foi simplesmente morta pela repressão. Do mesmo modo, como vimos, a demanda da linha dura por um instrumento perene de repressão vinha desde o início do regime. Portanto, não há uma relação causal entre AI-5 e luta armada, embora houvesse uma retroalimentação entre repressão e ações armadas.

Para os oficias-generais, o envolvimento das Forças Armadas na repressão se tornaria um grande problema, haja vista a imagem negativa com que ficaram diante de parte da opinião pública em função dos episódios de tortura e assassinato. Eles tentaram justificar-se alegando desconhecimento, sustentando que os casos extremos seriam "excessos" cometidos por subalternos descontrolados. Hoje, entretanto, existe abundância de provas que indicam o comprometimento desses homens com as práticas de tortura e assassinato – tidas pelo "moderado" general Geisel, ex-presidente da República, como um "mal necessário".

Não devemos ter uma perspectiva vitimizadora da sociedade, que teria sido integralmente abatida pela ditadura, como se todos fossem democratas. Como vimos anteriormente, o golpe contou com o apoio de expressivos setores da sociedade. Do mesmo modo, o "milagre brasileiro", durante o qual a classe média pôde comprar carros, eletrodomésticos e imóveis, tornou o general Médici popular e, enquanto durou, legitimou o regime militar. A eventual eficácia econômica compensa a falta de liberdade?

Ainda hoje, algumas pessoas insistem em dizer que a ditadura teve "um lado bom", referindo-se ao crescimento durante o "milagre brasileiro", a iniciativas como o combate à corrupção e ao clima cívico e moralista propagado pela Aerp e pela DCDP. Para essas pessoas, os militares passavam imagem de segurança e patriotismo. Ora, não há nada bom em uma ditadura que pode subjugar as pessoas, seja com a tortura e o assassinato, seja com qualquer outra forma de violência.

# Rumo à democracia

O fim da ditadura militar seria alcançado após longo processo que durou mais de dez anos, caso consideremos que ele se iniciou com a posse do general Ernesto Geisel, em 1974, e se encerrou na posse do presidente civil em 1985. Devemos falar em "redemocratização", considerando que houve uma democracia no Brasil entre 1945 e 1964? Como vimos, houve muitas atribulações naquele período. Desse modo, para alguns analistas, em 1985 tivemos o fim dos governos militares, o fim da ditadura, mas falar em redemocratização corresponderia a supervalorizar o que houve antes. Não há como negar que o período 1945-1964 foi marcado por crises que denotavam a fragilidade institucional de nosso país naquela época. Mas tínhamos uma vida política assinalada por partidos atuantes e pela escolha do presidente da República por meio do voto popular. Só voltaríamos a ter essa dinâmica novamente após o fim da ditadura militar, ou após o processo de "redemocratização" – denominações que cada um de nós deve adotar conforme nossa interpretação da história recente do Brasil.

Geisel foi escolhido por Médici e "eleito" por colegiado composto pelos membros do Congresso Nacional e deputados estaduais delegados das assembleias legislativas (mudança constitucional imposta em 1969 pela Junta Militar). Como vimos, Castelo Branco havia sido escolhido pelos vitoriosos de 1964 e confirmado pelo Congresso Nacional depurado. Costa e Silva impôs-se como candidato contra a vontade de Castelo e também foi confirmado pelo Congresso Nacional. Com sua doença, foi substituído pela Junta Militar, em agosto de 1969, que depôs o vice-presidente civil e udenista Pedro Aleixo. A junta governou por apenas dois meses e comandou um processo de consulta entre oficiais-generais que chegou ao nome de Médici, também confirmado pelo Congresso Nacional. Foi nesse contexto que se criou o Colégio Eleitoral. Esse órgão referendaria a escolha de Geisel e de seu sucessor, o general João Figueiredo (indicado por Geisel), além do presidente civil que encerraria o ciclo de governos militares, Tancredo Neves.

Esse rodízio de generais na Presidência da República confere certa singularidade à ditadura militar brasileira quando comparada com outras ditaduras latino-americanas, marcadas pela presença de um único ditador no poder em todo o período (como é o caso do Chile, com o general Augusto Pinochet, entre 1974 e 1990, de Alfredo Stroessner, no Paraguai, que governou de 1954 a 1989, e do general Juan Carlos Onganía, que comandou a ditadura militar argentina de 1966 a 1970) ou pela sucessão de juntas militares em função de injunções políticas e sem um calendário previamente definido – como foi o caso da segunda ditadura militar argentina (1976-1983). No caso brasileiro, mal ou bem, havia um período determinado para o mandato presidencial. Vimos que Castelo Branco prorrogou o seu, em vez de apenas concluir o mandato de Jânio Quadros. Costa e Silva não cumpriu os cinco anos estabelecidos pela Constituição porque adoeceu, mas Médici governou de 1969 a 1974, como previsto, assim como Geisel, que presidiu o país entre 1974 e 1979. O último general presidente, João Figueiredo, foi escolhido por Geisel, que, a fim de controlar o processo de redemocratização do país, alterou a Constituição ampliando o mandato presidencial para seis anos, de modo que Figueiredo permaneceu no poder entre 1979 e 1985. Com essa sucessão de generais cumprindo mandatos presidenciais, os militares pretendiam dar uma aparência de normalidade democrática, afastando-se do personalismo que caracterizou a ditadura varguista do Estado Novo e distinguindo-se da figura do "caudilho" latino-americano, que os oficiais brasileiros costumavam desprezar.

Essa configuração política acabaria tendo importância em 1973. Ulisses Guimarães, presidente do partido de oposição, MDB, decidiu concorrer à Presidência da República aproveitando o que estabelecia a Constituição, que previa o registro por partido político do candidato à presidência. Era uma candidatura fadada ao fracasso porque o governo detinha a maioria no Colégio Eleitoral. Ademais, o MDB era um partido fragilizado: surgira, em 1966, com 21 senadores e 140 deputados. Em 1973, contava com apenas 7 senadores e 87 deputados. A agremiação estava dividida: parlamentares conhecidos como "autênticos" – que defendiam posição crítica contra o regime e assumiam postura combativa – não apoiavam integralmente Ulisses Guimarães e se contrapunham à ala moderada do MDB. Alguns emedebistas chegaram a lançar a tese da "autodissolução" do partido, pois entendiam que a sigla apenas compunha a fachada democrática que o regime montara.

Contrapondo-se a essa tese e buscando reanimar o partido, Ulisses Guimarães foi sagrado candidato na Convenção Nacional do MDB, realizada em setembro de 1973. Ele se nomeou "anticandidato" em discurso que faria fama:

> O paradoxo é o signo da presente sucessão presidencial brasileira. Na situação, o anunciado como candidato, em verdade, é o presidente, não aguarda a eleição e sim a posse. Na oposição, também não há candidato, pois não pode haver candidato a lugar de antemão provido. A 15 de janeiro próximo, com o apelido de "eleição", o Congresso Nacional será palco de cerimônia de diplomação, na qual senadores, deputados federais e estaduais da agremiação majoritária certificarão investidura outorgada com anterioridade [...]. Não é o candidato que vai percorrer o país. É o anticandidato, para denunciar a antieleição, imposta pela anticonstituição.

O Colégio Eleitoral era composto por 503 parlamentares. Geisel recebeu 400 votos e Ulisses apenas 76, tendo ainda de amargar a abstenção dos parlamentares "autênticos" do seu próprio partido. Os "autênticos" haviam concordado com a candidatura, desde que Ulisses renunciasse antes da reunião do Colégio Eleitoral. Teria sido um fracasso retumbante, mas entre o lançamento de sua "anticandidatura" e a eleição em janeiro de 1974, Ulisses viajou pelo país denunciando a ditadura e criando fatos políticos, ajudando a mobilizar a oposição. Os resultados viriam depois, nas eleições parlamentares de novembro de 1974. O MDB conseguiu bom desempenho, sendo notável a eleição de 16 senadores para as 22 cadeiras que estavam em disputa. A Arena ainda permaneceria com a maioria no Senado (como é habitual no Brasil, as eleições para o Senado alternam a escolha de 1/3 e 2/3 dos senadores a cada quatro anos). Alguns dos novos senadores pelo MDB se tornariam lideranças importantes no processo de combate à ditadura, como Paulo Brossard, Itamar Franco, Marcos Freire, Orestes Quércia e Saturnino Braga. Para a Câmara dos Deputados, o MDB conseguiu eleger 161 deputados, revertendo a trajetória anterior de decadência.

O MDB, a partir de então, se tornaria importante no processo de resistência democrática à ditadura militar. Geisel sentiu o baque das eleições de novembro de 1974 e procurou evitar novas derrotas, mas a Arena, doravante, viveria um período de clara decadência. Portanto, embora seja acertado considerar o rodízio de generais presidentes e a manutenção das eleições parlamentares como uma fachada democrática, isto é, como uma tentativa de o regime transparecer normalidade que de fato não havia, devemos ter em mente que essas circunstâncias compunham uma conjuntura política que foi essencial: só é possível entender o modo como o regime militar acabou se considerarmos o processo parlamentar de soerguimento do MDB e de resistência democrática. Desse modo, a tese da "fachada democrática" deve ser matizada.

De fato, o indiscutível fracasso da luta armada deixou um único caminho para os opositores da ditadura militar: a atuação na esfera legal, no Congresso Nacional e nos protestos contra o regime. As ações armadas urbanas – sequestros de diplomatas, assaltos a bancos, atentados contra quartéis etc. – esgotaram-se não só porque não contavam com o apoio da população, mas também porque a repressão sobre os militantes foi fulminante. A Guerrilha do Araguaia também fracassou. Ela foi a principal tentativa de estabelecimento de uma luta armada revolucionária em nosso país que objetivava implantar o comunismo no Brasil. Foi liderada pelo Partido Comunista do Brasil (PCdoB) e permaneceu desconhecida por muitos anos por causa da censura. Pouco mais de 60 militantes do PCdoB instalaram-se nas proximidades do rio Araguaia, ao norte de Goiás e no Pará. A ideia era desenvolver focos revolucionários, inspirados na Revolução Cubana, com o apoio da população camponesa da região. Inicialmente, o Exército teve dificuldades para combater os militantes em uma região longínqua dos grandes centros. Os principais enfrentamentos se deram nas proximidades das cidades de São Geraldo do Araguaia, Marabá e Xambioá. Após o fracasso inicial do Exército, o regime militar tomou a decisão de aniquilar o movimento. Cinquenta e nove militantes foram mortos com requintes de crueldade. Seus corpos desapareceram. Moradores que supostamente apoiavam a guerrilha também foram mortos. Houve baixas também nas Forças Armadas que, desde então, evitam tratar do assunto em detalhes. Um dos comandantes da guerrilha, Ângelo Arroyo, conseguiu escapar. A busca dos restos mortais dos militantes assassinados pelo Exército na Guerrilha do Araguaia se tornaria, após o fim do regime, uma das principais demandas da militância dos direitos humanos que, entretanto, jamais seria atendida.

A violência da esquerda revolucionária também deixou passivos com os quais lidamos até hoje. Nos debates historiográficos e políticos, uma pergunta difícil de responder é a seguinte: a luta armada acelerou ou retardou o fim da ditadura? Para ex-militantes da esquerda, ela foi uma forma de resistência ao regime, mas alguns analistas indicam que, mais do que isso, ela foi uma ofensiva revolucionária que pretendia a instalação do comunismo. É nesse sentido que se pode distinguir a luta armada da resistência democrática, pois esta última se atinha ao combate à ditadura. Também é frequente, no senso comum, estabelecer-se uma equivalência entre a violência da repressão e a da luta armada – fenômeno que, aliás, ocorre também em outros países que viveram ditaduras militares. Dessa maneira, segundo esse entendimento, ao julgamento dos militares responsáveis pela repressão deveria corresponder o julgamento dos militantes da esquerda revolucionária. Essa opinião é muito difícil de sustentar ao menos por duas razões: em primeiro lugar, o Estado brasileiro, mesmo no contexto da ditadura militar, poderia ter optado por combater a luta armada sem recorrer a métodos clandestinos e brutais, como a tortura e o assassinato. Além disso, é preciso lembrar que os militantes da esquerda – aqueles que não foram assassinados – já foram julgados e punidos pelo aparato de repressão da ditadura, sempre de maneira violenta e arbitrária. Em relação à luta armada, há, de fato, um aspecto extremamente polêmico, ainda pouco abordado pela historiografia: após a frustração com o AI-5 no final de 1968, muitos jovens estudantes que haviam participado dos protestos daquele ano ingressaram na luta armada sem qualquer experiência prévia no manejo de armas e, mesmo, sem maior familiaridade com o debate sobre o tema. A pergunta que fica é: qual a responsabilidade das lideranças nesse recrutamento de rapazes e moças inexperientes que, de um dia para outro, foram lançados na clandestinidade? Muitos deles foram mortos pela repressão.

A chamada História do Tempo Presente, quando estuda "eventos traumáticos", como é o caso aqui, costumeiramente enfrenta essas questões delicadas, esses temas-tabu. Não é possível dar respostas cabais a problemas tão pungentes. Se a luta armada, vista com os olhos de hoje, parece ter sido uma opção bastante irrefletida, não se deve perder de vista que, naquele contexto, posterior à vitória dos guerrilheiros cubanos, ela não era um simples desvario de líderes revolucionários. Entretanto, há o fato inescapável de que muitos jovens foram mortos por causa da avaliação política equivocada de lideranças voluntaristas. Compartilhar reflexões e evidências empíricas, sem receio de enfrentar problemas complexos, mas também com a cautela que eles exigem – esse parece ser o único caminho para um bom entendimento.

Do mesmo modo que a questão da violência gera debates, a responsabilidade pelo fim da ditadura também é tema envolto em controvérsia: a resistência democrática acelerou a redemocratização ou os militares conseguiram impor seu projeto de abertura? De fato, o general Ernesto Geisel tinha um plano. Ele já o vinha delineando desde antes da posse. Em sua primeira reunião ministerial, no dia 19 de março de 1974, afirmou que os "instrumentos excepcionais", isto é, os atos institucionais e a legislação de segurança nacional, seriam mantidos, mas ele desejava usá-los sobretudo como "potencial de ação repressiva ou de contenção mais enérgica e, assim mesmo, até que sejam superados pela imaginação política criadora capaz de instituir, quando for oportuno, salvaguardas eficientes dentro do contexto constitucional". Era a ideia da institucionalização do regime, entendida como incorporação, na Constituição, da possibilidade de aplicação de medidas repressivas e uma indicação de que a "imaginação política criadora" teria de dar forma a esse propósito contraditório, o de constitucionalizar atos excepcionais.

Ele daria mais indicações do que pretendia quando discursou para os dirigentes estaduais da Arena, pouco antes das eleições de 1974, no dia 29 de agosto. Garantiu que os órgãos de segurança continuariam atuantes, "mas sem excessos condenáveis", e que o governo promoveria o "máximo de desenvolvimento possível [...] com o mínimo de segurança indispensável". Garantiu que desejava que a exigência da segurança viesse "gradativamente a reduzir-se". Sua decisão consistia em promover uma distensão ou abertura política paulatinamente, sem abrir mão de mecanismos de segurança, e seu governo seria de fato marcado por essa estratégia gradualista que, em alguns momentos, promoveu iniciativas democratizantes e, em outros, afirmou-se como responsável pela repressão. Foi exatamente isso o que ele indicou que faria, em tom ameaçador, no final do seu discurso de agosto:

> Erram – e erram gravemente, porém – os que pensam poder apressar esse processo pelo jogo de pressões manipuladas sobre a opinião pública e, através desta, contra o governo. Tais pressões servirão, apenas, para provocar contrapressões de igual ou maior intensidade, invertendo-se o processo da lenta, gradativa e segura distensão.

Abertura "lenta, gradual e segura" – como a frase acabou por se tornar conhecida: esse era o projeto de Geisel. Sua proposta era um aprimoramento do antigo projeto de "institucionalização" do regime, que já se manifestara quando o marechal Costa e Silva, segundo seu secretário de imprensa, Carlos Chagas, tentou acabar com o AI-5 e reabrir o Congresso Nacional, fechado desde a edição do ato. Não conhecemos em detalhes a proposta de Costa e Silva, que não prosperou em função da doença do velho marechal. Mas a ideia da institucionalização do regime sempre foi cogitada por diversos militares. O general Geisel delineou um processo paulatino de institucionalização – que objetivava incorporar "salvaguardas" na Constituição no lugar do AI-5, cujo fim ele decretou em outubro de 1978, para valer a partir de janeiro de 1979. As terríveis penas de morte, de prisão perpétua e de banimento, estabelecidas pela Junta Militar, também foram extintas em outubro de 1978. Alguns dos sistemas que integravam o aparato de repressão política deveriam ser igualmente eliminados, sobretudo o Sistema DOI-Codi. Mas o Sistema CGI também deveria acabar, bem como a censura deveria ser abrandada, com o fim da censura prévia.

Entretanto, além dessas medidas de descompressão política do regime militar, Geisel precisava enfrentar a questão da escolha do próximo presidente. Ele não pareceu ter cogitado da hipótese de escolha de um civil:

isso poderia inaugurar uma fase de acertos de contas com o passado, inclusive levando ao julgamento militares acusados por violações dos direitos humanos. Desse modo, o problema do chamado "revanchismo" passou a ser a principal preocupação dos responsáveis pela abertura política: como devolver o poder aos civis e resguardar os militares? Geisel não conseguiu uma solução e o general Figueiredo permaneceria por mais seis anos no poder, dando tempo para que o regime encontrasse uma saída.

A solução encontrada foi o envio ao Congresso Nacional de um projeto de anistia que beneficiava não só os presos políticos, mas também os militares (e civis) responsáveis pela repressão. O projeto foi pensado no final do governo Geisel e enviado ao Congresso no início do governo de João Figueiredo. Essa anistia, aprovada em 1979, se tornaria a principal cláusula da transição para a democracia. Ela gerou efeitos que perduram ainda hoje, como se verá no último capítulo. Pode-se dizer que ela resultou de uma negociação entre as elites políticas que, de algum modo, estabeleceu um pacto marcado pela conciliação que resultou na impunidade dos militares.

É preciso distinguir a Lei de Anistia de 1979 da Campanha da Anistia, que se iniciou bem antes, a partir do reclamo de mães e esposas de presos políticos e de "desaparecidos". Em 1975, foi criado o Movimento Feminino pela Anistia. Em 1977, com a eclosão de manifestações estudantis em diversas cidades do país, o movimento ganhou maior fôlego. Surgiram os Dias Nacionais de Protesto e Luta pela Anistia e formaram-se os Comitês Primeiro de Maio pela Anistia. Finalmente, em 1978, formou-se no Rio de Janeiro o Comitê Brasileiro pela Anistia. A partir de então, outros comitês foram criados em diversas cidades e surgiram, ainda, entidades de características mais amplas, como as de defesa dos direitos humanos. Encontros nacionais foram realizados, tendo em vista a necessidade de coordenação de um movimento com tantas associações envolvidas. Foi no Encontro de Salvador, realizado entre 7 e 9 de setembro de 1978, que se tornou proeminente o princípio da anistia "ampla, geral e irrestrita", *slogan* que faria fama. Em novembro do mesmo ano, o I Congresso Nacional pela Anistia reafirmou o princípio e deu grande densidade ao movimento ao conseguir reunir não apenas delegações estrangeiras (da França, da Itália e da Suíça), mas também 30 entidades ligadas à luta pela anistia e diversos representantes da chamada "sociedade civil". A campanha, entretanto, não era homogênea do ponto de vista político, até mesmo por envolver tantos grupamentos diferenciados.

O próprio lema "anistia ampla, geral e irrestrita" não era compartilhado por todos, pois, além dos grupos que o defendiam, pregando anistia para todos os presos políticos e exilados, havia integrantes da campanha que admitiam o perdão aos "dois lados", isto é, aos presos políticos, aos exilados e, também, aos responsáveis pela repressão.

Seja como for, se a Campanha da Anistia, em termos gerais, foi marcada por esse tom generoso e esperançoso, bem diferente seria a Lei de Anistia. O projeto enviado por Figueiredo ao Congresso Nacional no final de julho de 1979 perdoava os crimes políticos "ou conexos", estes últimos definidos como "crimes de qualquer natureza relacionados com crimes políticos ou praticados por motivação política". Embora sem uma referência explícita, a noção de "crimes conexos" passou a ser entendida como uma referência à tortura. A fórmula obscura foi adotada porque o governo não estava apenas preocupado com torturadores. Ao anistiar os "crimes políticos ou praticados por motivação política", o projeto garantia que, no futuro, nenhum militar (ou civil) seria punido em função de arbitrariedades praticadas durante a ditadura. Não era algo estranho aos debates que havia até então inclusive no contexto da Campanha da Anistia: a dirigente da seção gaúcha do Movimento Feminino pela Anistia, por exemplo, defendia uma anistia "de parte a parte", tanto quanto Pedro Simon – que em 1978 era deputado estadual (MDB-RS) – falava em "esquecimento recíproco dos que agiram e dos que sofreram". O general Pery Bevilacqua – que havia sido afastado de seu cargo de ministro do Superior Tribunal Militar pelo AI-5 – também defendia a "anistia recíproca", diferentemente da presidente do Comitê Brasileiro pela Anistia, que considerava impossível anistiar a prática da tortura, "porque tais crimes nunca foram punidos e não se pode anistiar quem não chegou a ser punido".

O projeto encaminhado por Figueiredo não incluía na anistia os "condenados pela prática de crimes de terrorismo, assalto, sequestro e atentado pessoal", que os militares chamavam, genericamente, de "terroristas" (apesar de o terrorismo ser uma figura penal inexistente nas leis de segurança de então). Esse aspecto é importante, porque alguns analistas indicam que a exclusão dos "terroristas" teria sido uma estratégia para desviar a atenção do ponto considerado essencial pelo regime: a anistia "recíproca". Também é preciso considerar a identificação entre perdão aos "crimes conexos" e "perdão dos torturadores". Ao anistiar os crimes conexos, não apenas os torturadores estavam sendo anistiados, mas também os oficiais-generais responsáveis por outras violações dos direitos humanos.

A votação do projeto foi conturbada: na tarde do dia 21 de agosto, um ato público em favor da anistia, na rampa do edifício do Congresso Nacional, foi dissolvido com bombas de gás lacrimogêneo. As galerias, na sessão do dia 22 de agosto, foram ocupadas, logo cedo, por recrutas à paisana – uma tentativa governista de evitar protestos contra os arenistas. A manobra falhou porque, denunciada, resultou na retirada dos soldados. Vaiados por manifestantes que, afinal, conseguiram ocupar as galerias, alguns arenistas tentaram ocultar-se no fundo do plenário, mas seus pronunciamentos eram recebidos com gritos e acusações. A menção ao nome do antigo secretário de Segurança Pública de São Paulo, o irascível coronel Erasmo Dias, então deputado pela Arena, foi recebida com gritos de "assassino!". O projeto do governo acabou sendo aprovado por pequena margem de votos.

A oposição parlamentar do MDB e as eventuais manifestações de resistência de setores da sociedade eram focos de pressão que buscavam acelerar a abertura. Mas, dentro dos quartéis, havia militares da linha dura, insatisfeitos com o fim do aparato de repressão política. Geisel os designou "bolsões revolucionários, sinceros, mas radicais". A reação desse setor viria sob a forma de atentados contra símbolos da oposição: em agosto de 1976, as sedes da Associação Brasileira de Imprensa (ABI) e da Ordem dos Advogados do Brasil (OAB) no centro do Rio de Janeiro foram atingidas por bombas. Essas duas associações profissionais, que durante o golpe de 1964 e o início da ditadura tiveram posições dúbias, tornaram-se, com o tempo, importantes atores da resistência democrática ao regime militar. Os atentados foram assumidos pela Aliança Anticomunista Brasileira, organização desconhecida que encobria a ação da linha dura.

Geisel precisou firmar sua autoridade ante esses setores. Ele o fez com mão de ferro. Em outubro de 1975, o jornalista Vladimir Herzog, filiado ao PCB, foi preso e levado para as instalações do DOI-Codi no II Exército, em São Paulo. Ele não resistiu às torturas. Seu assassinato foi dado pelos militares como suicídio. A farsa não se sustentou em função de muitas evidências. Os militares garantiam que ele havia se enforcado com a cinta do macacão que, entretanto, não era usada no DOI-Codi. A foto do cadáver de Herzog dependurado em uma janela, que os militares tentaram usar como "prova", era indicador de que não houvera suicídio: os pés do jornalista estavam apoiados no chão e viam-se seus joelhos claramente flexionados. Impossível um enforcamento nessas circunstâncias. Geisel foi a São Paulo e repreendeu duramente o general comandante do II Exército, Ednardo D'Ávila Mello, dizendo-lhe que não admitiria que aquilo se repetisse. Entretanto, três meses depois, no mesmo local, algo muito parecido ocorreu, resultando na morte do operário Manoel Fiel Filho no dia 17 de janeiro de 1976. Dois dias depois, o general Ednardo foi afastado do cargo por Geisel. A demissão de um general de quatro estrelas, nessas condições, foi fato inédito que firmou a liderança de Geisel em relação ao projeto de abertura política.

No ano seguinte, Geisel agiria no sentido de mostrar domínio em relação ao processo sucessório. Seu ministro do Exército, o conhecido general linha-dura Sylvio Frota, crítico da abertura política, arvorava-se em candidato a sua sucessão. Políticos da Arena tentaram inflar sua candidatura. Geisel, entretanto, já se decidira por Figueiredo. A demissão do ministro do Exército – outro fato político inédito – foi planejada em minúcias. O ministro foi demitido em um feriado, 12 de outubro, dia de Nossa Senhora Aparecida. Brasília estava esvaziada. Generais foram convocados à capital por Frota e pelo presidente. Geisel, entretanto, havia articulado um esquema de recepção dos oficiais que, pressionados, acabaram por atender ao chamado do presidente deixando Frota sem condições de se rebelar.

Mas a linha dura insistiria. Outros atentados viriam. Em dezembro de 1976, o Exército invadiu reunião do comitê central do PCdoB, no bairro da Lapa, em São Paulo. Três dirigentes foram assassinados e cinco foram presos. O episódio ficou conhecido como Chacina da Lapa. Nesse caso, atingia-se brutalmente o partido responsável pela emblemática Guerrilha do Araguaia. Ângelo Arroyo, comandante da guerrilha que conseguira escapar da ofensiva do Exército em 1974, foi morto sem esboçar reação.

Esses atentados da linha dura prosseguiriam durante o governo Figueiredo, quando muitas bancas que vendiam jornais de oposição foram alvo de bombas. Mais ainda: no dia 27 de agosto de 1980, Lyda Monteiro da Silva, secretária do presidente da OAB, morreu ao abrir uma carta-bomba. O presidente Figueiredo, dois dias depois, discursou durante evento na cidade mineira de Uberlândia e chamou de "facínoras" os responsáveis pelos atentados: "Eu peço a esses facínoras que desviem as suas mãos criminosas sobre a minha pessoa, mas que deixem de matar inocentes". Ele garantiu que não se intimidaria: "hei de prosseguir na trilha da busca do caminho democrático". Figueiredo, entretanto, havia sido ministro-chefe do SNI e integrara a comunidade de segurança e informações – que, agora, pretendia desmontar.

O auge desse terrorismo de direita aconteceria em abril de 1981, no atentado do Riocentro, amplo centro de convenções no Rio de Janeiro. Vários artistas famosos se apresentavam celebrando o Dia do Trabalhador diante de multidão de espectadores quando uma bomba explodiu. Felizmente, os autores do atentado cometeram algum erro, a bomba explodiu no colo do sargento que a conduzia dentro de um carro e o episódio passou despercebido do público. O sargento Guilherme Pereira do Rosário morreu e o capitão Wilson Dias Machado, que estava ao seu lado, sobreviveu a ferimentos gravíssimos. Entretanto, as investigações não os identificaram como autores, gerando grave crise no governo porque o general Golbery do Couto e Silva, chefe do Gabinete Civil da Presidência da República, ideólogo do regime e um dos mentores da abertura, demitiu-se frustrado com o resultado. Ainda assim, o atentado do Riocentro tornou-se um marco porque, desde então, cessaram as atividades terroristas da linha dura.

Curiosamente, o rodízio de generais na Presidência da República foi marcado pela frustração de seus antecessores. Castelo, como vimos, não pôde escolher seu sucessor, pois teve de aceitar Costa e Silva, que se impôs como candidato com o apoio da linha dura. Costa e Silva adoeceu e a escolha de Médici foi feita por meio de consultas aos oficiais-generais. Médici, entretanto, arrependeu-se de ter indicado Geisel, pois se sentiu traído na medida em que o novo presidente nomeou um seu desafeto, o general Golbery, para chefe do Gabinete Civil. Geisel também avaliou que Figueiredo desinteressou-se do governo e não soube enfrentar os problemas que se abateram sobre o país durante seu mandato.

De fato, Figueiredo desgastou-se muito em função dos problemas econômicos e políticos. Enfrentou grave doença, que o levou a buscar tratamento cirúrgico no exterior. A partir de então, mostrou-se apático e não soube conduzir a transferência de poder aos civis. A economia ia mal, como ainda veremos, a linha dura havia perpetrado o atentado do Riocentro. Além de tudo isso, no final do seu mandato Figueiredo deparou-se com a maior manifestação de massa jamais ocorrida no Brasil, a campanha das "Diretas Já!"

A Campanha das Diretas tomou conta do país em 1984. O deputado Dante de Oliveira havia apresentado, em abril de 1983, emenda à Constituição propondo o restabelecimento das eleições diretas para a Presidência da República. Em apoio a essa iniciativa, alguns pequenos comícios aconteceram ainda naquele ano. Mas eles cresceriam muito no ano seguinte. Foram muito concorridos, com a presença de multidões. Milhares de pessoas se reuniram, no dia 10 de abril de 1984, no Rio de Janeiro, ocupando toda a avenida Presidente Vargas, até a igreja da Candelária. O de São Paulo, em 16 de abril, também foi grandioso.

As "Diretas Já!" conseguiram reunir lideranças políticas de diversas correntes e também ídolos populares, artistas que atraíam o público e conferiam um clima festivo às manifestações. Mas os comícios eram muito politizados e o público ouvia com atenção os discursos de governadores, parlamentares e sindicalistas. No comício do Rio de Janeiro, quando o velho advogado Sobral Pinto iniciou seu discurso citando o artigo primeiro da Constituição ("Todo o poder emana do povo e em seu nome é exercido!"), o povo foi ao delírio. A presença de Sobral era emblemática: nonagenário, ele era um católico liberal, distante do radicalismo da esquerda. Havia defendido o líder comunista Luís Carlos Prestes após a rebelião de 1935 mesmo discordando dele. Representou, naquele momento da Campanha das Diretas, a união da sociedade brasileira em torno do mais básico princípio democrático: os cidadãos devem escolher seu mandatário, independentemente das ideologias políticas que os reunissem em defesa desse pressuposto elementar.

O governo detinha a maioria no Congresso Nacional, de modo que era impossível conseguir a aprovação da Emenda Dante de Oliveira sem o apoio de parlamentares governistas. A Campanha das Diretas foi tão impactante que muitas pessoas acreditaram na vitória. Prevendo manifestações que de fato ocorreram, o governo decretou a aplicação de "medidas de emergência" em Brasília – um dos instrumentos incluídos na Constituição pela "institucionalização" promovida por Ernesto Geisel. No dia da votação, 25 de abril, houve um grande "buzinaço" em Brasília. O executor das medidas de emergência, o general Newton Cruz, promoveu cena patética, pois, a cavalo, tentava conter a multidão. Com seu bastão de comando, batia no capô dos carros. Quando a derrota foi confirmada, a TV mostrou a imagem de pessoas chorando pelo Brasil afora. A proposta foi vencida por diferença de apenas 22 votos: recebeu 298 votos a favor, 65 contra, registrando-se 113 ausências. Eram necessários 320 votos para a aprovação de mudança constitucional. Ou seja, nem mesmo a maior manifestação de massas que já houve no Brasil foi capaz de alterar o projeto de transição controlado pelos militares. O primeiro presidente civil seria escolhido pelo Colégio Eleitoral.

A campanha foi derrotada, mas deixou consequências importantes. Do ponto de vista simbólico, ela marcou a retomada, pelo povo, da bandeira e do hino nacionais. Durante o regime militar, adotar os símbolos nacionais era um gesto que poderia ser confundido com apoio à ditadura. Curiosamente, por exemplo, lembre-se de que, na Copa do Mundo de 1970, alguns militantes da esquerda revolucionária tentaram não embarcar na onda patriótica que sempre toma conta desse tipo de evento esportivo – justamente porque a vitória do Brasil poderia ser usada politicamente pela ditadura, como de fato foi. Mas eles não resistiram e acabaram, afinal, torcendo pela seleção. Do mesmo modo, nas escolas havia disciplinas de Educação Moral e Cívica, que obrigavam os alunos a enaltecer os "símbolos nacionais", cantar hinos patrióticos e coisas desse tipo. Portar a bandeira do Brasil ou cantar o Hino Nacional realmente transpareciam atitudes "caretas", oficialistas e, no limite, de apoio à ditadura. Isso mudou com as "Diretas Já!". As pessoas se vestiam com a bandeira nacional e a cantora Fafá de Belém interpretava livremente o hino (na época, só era permitida a interpretação oficial). Uma imensa bandeira, que acompanhava os comícios, acabou ressurgindo no dia da eleição indireta pelo Colégio Eleitoral e uma foto antológica registrou o momento em que a multidão se protegia da chuva sob o gigantesco pavilhão nacional. A campanha também foi importante do ponto de vista político, não só porque a emenda quase foi aprovada (muitos parlamentares não compareceram à sessão com vergonha de votar contra), mas também porque ela indicou, claramente, o esgotamento do regime militar e o compromisso da sociedade brasileira com a democracia. Se, para alguns, a ditadura era insuportável por conta das óbvias restrições políticas, não se deve perder de vista que, para muitos, sobretudo para a juventude, a ditadura também expressava um obscurantismo retrógrado, por conta da censura moral, da visão limitada dos militares, do conservadorismo em relação aos comportamentos. A presença dos estudantes e dos artistas populares indicava a necessidade de arejamento cultural e de superação desse sufocamento.

Entretanto, se considerarmos o fracasso da Campanha da Anistia e das "Diretas Já!", teremos de admitir que os militares conduziram a seu bel-prazer o processo de superação da ditadura. A anistia não foi "ampla, geral e irrestrita", ao contrário, perdoou os torturadores. A Campanha das Diretas não impediu que o Colégio Eleitoral atuasse mais uma vez. Se a resistência democrática não conseguiu acelerar a abertura "lenta, gradual e segura", ela não foi importante? São coisas diferentes: se a resistência democrática não foi capaz de acelerar a abertura política, a dinâmica social daquela época foi muito importante para a configuração da democracia como a temos hoje em nosso país. A nova Constituição, que seria aprovada em 1988, foi definitivamente marcada pelo ressurgimento dos movimentos sociais que ocorreu no início dos anos 1980. A paulatina construção de políticas sociais que marcariam os governos brasileiros no início do século XXI – como ainda veremos – teve um forte estímulo naquele momento. Por exemplo, poucos se dão conta da importância do sistema brasileiro de saúde pública, o Sistema Único de Saúde (SUS), que, apesar das precariedades que tem, garante a todo cidadão acesso integral, universal e gratuito a centros médicos, ambulatórios, hospitais etc. Essa conquista decorreu da mobilização da sociedade.

O fato de que os militares definiram o processo de abertura política conforme projeto preestabelecido e que foi conduzido no ritmo que eles desejavam é algo frustrante, devemos reconhecer. Mas, realmente, há evidências de que tudo foi minuciosamente planejado, inclusive o fim do bipartidarismo. Para o general Golbery – um dos principais responsáveis pela abertura e que atuou nos governos Geisel e Figueiredo até se demitir por causa do Riocentro – era indispensável interromper a trajetória de crescimento que o MDB passou a trilhar depois da "anticandidatura" de Ulisses Guimarães. Sua ideia era a seguinte: a Lei da Anistia permitiria o retorno ao Brasil de lideranças oposicionistas que terminariam por criar novos partidos, enfraquecendo, desse modo, o até então único partido de oposição, pois era claro que os quadros para os novos partidos sairiam do MDB. Segundo Jarbas Passarinho, que em 1979 era líder do governo no Senado, "o gradualismo, planejado como se fosse uma operação de estado-maior, deveria prosseguir pela anistia e a reformulação partidária". José Sarney, antigo presidente do partido situacionista, a Arena, também afirmou que "tudo aquilo [a anistia e a extinção do bipartidarismo] era uma coisa feita segundo um planejamento rígido, em nível de estado-maior, pelo Golbery [do Couto e Silva, chefe do Gabinete Civil] e pelo presidente Geisel".

De fato, três meses após a anistia, em dezembro de 1979, o governo promulgou a Lei Orgânica dos Partidos Políticos que permitia a criação de novas agremiações. O partido governista, a Arena, passou a se chamar Partido Democrático Social (PDS). O MDB apenas incluiu a expressão "partido" em seu nome – exigência da nova lei – tornando-se PMDB.

Surpreendentemente, o antigo pessedista e emedebista Tancredo Neves uniu-se ao seu velho adversário udenista e arenista Magalhães Pinto para criar o Partido Popular (PP), legenda de centro que atendia ao propósito do regime de construir uma alternativa confiável. O PP, entretanto, teve vida curta porque o governo proibiu coligações partidárias nas eleições parlamentares e estabeleceu o voto vinculado, isto é, o eleitor poderia votar apenas em candidatos de um mesmo partido. Eram os chamados "casuísmos", regras episódicas que o regime impunha para barrar o crescimento da oposição. Inviabilizado eleitoralmente diante das novas regras – pois um partido tão novo jamais conseguiria lançar candidatos em todos os níveis ou prescindir de coligações –, o PP retornou ao "berço" do PMDB.

Leonel Brizola, de volta do exílio, tentou recriar o antigo Partido Trabalhista Brasileiro (PTB), mas a sigla também foi reclamada por Ivete Vargas, ex-deputada federal que havia presidido a seção paulista do PTB no final dos anos 1950 e estimulado o movimento "Jan-Jan", como vimos no capítulo "Desenvolvimento e retrocesso". Ela tivera seu mandato cassado em 1969 e se afastara da política, surpreendendo a todos ao disputar a sigla do PTB em 1980, baseada no seu parentesco com Vargas, pois sua mãe era sobrinha de Getúlio. A Justiça Eleitoral concedeu a legenda a Ivete em maio de 1980 porque ela havia requerido o registro provisório primeiro. Brizola reagiu com amargura, acusando o general Golbery de ter favorecido Ivete Vargas. Diante das câmeras de TV, ele rasgou uma folha de papel na qual havia escrito as três letras da sigla histórica e chorou. Uma semana depois, anunciou a criação do novo Partido Democrático Trabalhista (PDT).

Outra agremiação importante seria criada, o Partido dos Trabalhadores (PT), liderado por Luiz Inácio da Silva, conhecido como Lula, que presidira o Sindicato dos Metalúrgicos de São Bernardo do Campo, em São Paulo, e se notabilizara pela maneira desassombrada e habilidosa com que conduzira greves entre 1978 e 1980 no contexto de grave crise econômica. As greves dos metalúrgicos impactaram a opinião pública, pois desafiaram o regime militar e estimularam outras categorias a também reivindicar melhorias salariais. Lula contrapunha-se a antigas lideranças sindicais, tendentes a negociar com o governo e, desse modo, parecia romper com a velha estrutura corporativa criada por Vargas para o sindicalismo brasileiro. A greve de 1980 foi marcante: a população solidarizou-se com os grevistas e arrecadou dinheiro e alimentos para apoiá-los. Lula chegou a ser preso nesse ano. Ele se tornou um polo de atração irresistível para diversos setores da esquerda, não apenas operários, mas intelectuais também, que fundaram o PT em 1980.

Foi com essa configuração político-partidária que o Brasil chegou ao fim da ditadura militar. O antigo MDB deixou de monopolizar a oposição ao regime e o PMDB assumiu um perfil de centro, malgrado sua permanente constituição como partido heterogêneo – verdadeira "frente" integrando diversas correntes. Sustentou, o quanto pôde, a bandeira da "oposição histórica" ao regime militar. O sucessor da Arena, PDS, não se livraria jamais do estigma de ter sustentado a ditadura. O PTB se tornaria o modelo de "partido fisiológico" – expressão que, no Brasil, designa os partidos que trocam seu apoio a qualquer governo por cargos e outras benesses: infelizmente, muitos outros seriam criados com esse mesmo perfil, inclusive os "partidos de aluguel", que serviriam apenas para o lançamento momentâneo dessa ou daquela candidatura. O PDT e o PT representariam as esquerdas, este último bastante amparado no chamado "ressurgimento dos movimentos sociais" do início dos anos 1980. Sob o influxo do PT, seria criada a Central Única dos Trabalhadores (CUT), em 1983.

Em 1982, esses partidos passaram por teste eleitoral durante as eleições gerais. O PDS conseguiu a maioria na Câmara dos Deputados, conquistando 235 cadeiras contra 200 obtidas pelo PMDB, 23 pelo PDT, 13 pelo PTB e 8 pelo PT. O governo militar havia imposto o voto vinculado, como vimos, obrigando os eleitores a votar em candidatos do mesmo partido. Desse modo, as eleições para o Senado e para os governos estaduais reproduziram o mesmo padrão: o PDS elegeu 15 senadores, o PMDB ocupou 9 cadeiras e o PDT apenas 1. Da mesma forma, o PDS elegeu 13 governadores, o PMDB foi vitorioso em 9 estados e o PDT em 1. A diferença de 15 senadores para 13 governadores se explica porque, naquela eleição, o antigo território de Rondônia, transformado em estado em 1981, pôde escolher 3 senadores. Entretanto, o resultado mais notável foi a escolha de governadores da oposição nos principais estados da Federação: Brizola, pelo PDT, no Rio de Janeiro; Franco Montoro, pelo PMDB, em São Paulo; e Tancredo Neves, também pelo PMDB, em Minas Gerais. Se a eleição de 1974 mostrou a força da oposição no Senado, a eleição de 1982 deu à oposição o controle dos principais governos estaduais do Brasil.

Isso teria grandes consequências: a oposição também passaria a ser alvo de críticas de eleitores insatisfeitos: no dia 5 de abril de 1983, pouco depois da posse dos novos governadores, manifestantes derrubaram as grades do Palácio dos Bandeirantes, onde o governador de São Paulo, Franco Montoro, estava reunido com os colegas do Rio de Janeiro e de Minas Gerais. Entretanto, na Campanha das Diretas, a presença dos governadores eleitos pelo PMDB, pelo PDT, juntamente com o presidente do PT, conferiu àquele movimento grande unidade e força. Além disso, as eleições de 1982 foram decisivas porque determinaram a composição do Colégio Eleitoral que escolheria o presidente da República em 1985. Devido às eleições para as assembleias legislativas estaduais, o Colégio Eleitoral, em 1985, contaria com 686 membros, sendo 356 do PDS e 330 dos partidos de oposição. O regime ainda o controlava, embora por pequena margem de votos.

Após a derrota da Emenda Dante de Oliveira, as oposições teriam de enfrentar o Colégio Eleitoral. Se a campanha tivesse sido vitoriosa, Ulisses Guimarães – que era chamado de "Sr. Diretas" – provavelmente teria sido o candidato. Para a eleição indireta, despontou o nome de Tancredo Neves, o mesmo que havia tentado criar o partido palatável aos militares, o PP. Desde sua posse no governo de Minas Gerais, após as eleições de 1982, seu nome passou a ser cogitado. Não era uma surpresa: Tancredo, ao longo de sua carreira, firmou-se como político moderado e conciliador – ele que fora um dos principais responsáveis pela negociação política sobre a emenda parlamentarista que permitiu a posse de Goulart em 1961. As articulações em torno do governador mineiro aconteceram inclusive durante a Campanha das Diretas, e rumores asseguravam que ele lutava contra a Emenda Dante de Oliveira. Na verdade, o habilidoso político apenas previa o inevitável e se preparava.

No PDS não havia consenso. Figueiredo não soube liderar o processo de indicação de um candidato a sua sucessão. O ex-governador de São Paulo, Paulo Maluf, conseguiu impor seu nome por meio de métodos que muitos acusavam de ilícitos. Entretanto, ele não obteve o apoio da totalidade do PDS. Seu presidente, o senador José Sarney, propôs a realização de consultas internas para a escolha do efetivo candidato. Em junho de 1984, após reunião tumultuada, o partido rejeitou sua proposta e Sarney renunciou ao cargo. Foi a chave para que parlamentares do PDS, insatisfeitos com a candidatura Maluf, criassem a dissidência Frente Liberal, logo no mês de julho. Esse grupo apoiou a candidatura de Tancredo Neves em agosto, por meio da chamada Aliança Democrática, que reuniu o PMDB e a Frente Liberal. José Sarney foi indicado candidato a vice-presidente de Tancredo.

Tancredo Neves tornou-se praticamente um consenso na mídia. Sua imagem de conciliador e moderado, além de seu carisma pessoal, fez sua candidatura imbatível. Para os militares, Tancredo era um nome aceitável, pois se comprometera em não promover o "revanchismo". No dia 15 de janeiro de 1985, ele foi sagrado pelo Colégio Eleitoral com 480 votos. Maluf obteve apenas 180. Tancredo conseguiu votos até mesmo do Partido dos Trabalhadores, que havia optado por boicotar o Colégio Eleitoral por considerá-lo ilegítimo. Ainda assim, 3 dos 8 deputados do partido votaram na Aliança Democrática – e acabaram expulsos do PT.

O que não se esperava era a doença e morte de Tancredo Neves. Ele estava mal havia algum tempo, mas entendeu que só deveria buscar tratamento médico após a posse para não colocar em risco a transição. Na véspera da posse, não resistiu, foi internado e passou por uma cirurgia no abdome que detectou um tumor benigno infectado. Brasília estava preparada para uma festa. O país, entretanto, foi surpreendido pela notícia da internação. Durante a madrugada, lideranças políticas discutiam quem deveria assumir: o vice-presidente eleito, José Sarney, ou o presidente da Câmara, Ulisses Guimarães? Sarney acabou assumindo – ele que fora o presidente do partido que sustentava o regime militar até poucos meses antes. Um verdadeiro anticlímax.

Essa equação político-parlamentar não chegou a ser surpreendente: a conciliação é traço marcante da cultura política brasileira e também se manifestou em outras ocasiões. O afastamento do revanchismo, garantido pela Lei da Anistia de 1979, e a escolha de um presidente palatável, com o beneplácito do Colégio Eleitoral, marcaram a transição brasileira. Ela teve a nota trágica da morte de Tancredo, no dia 21 de abril de 1985, coincidentemente o mesmo dia da morte de Tiradentes. Embalada por forte emocionalismo fomentado pela mídia, mas, certamente, também pela genuína frustração diante da morte do líder, a sociedade abateu-se. Tancredo pedira, logo após sua eleição pelo Colégio Eleitoral, que todos continuassem unidos, como ocorrera nas "Diretas Já!": "Não vamos nos dispersar. Continuemos reunidos, como nas praças públicas, com a mesma emoção, a mesma dignidade e a mesma decisão. Se todos quisermos, dizia-nos, há quase duzentos anos, Tiradentes, aquele herói enlouquecido de esperança, podemos fazer deste país uma grande nação. Vamos fazê-la!".

O discurso de Sobral Pinto nas "Diretas Já!", mencionado há pouco, é emblemático da situação que se vivia naquele momento: confrontar a ditadura parecia unificar a todos. Mas a vida democrática sublinharia as diferenças de posições, desde a esquerda revolucionária até os democratas liberais. Havia muitas esperanças no ar. Após 21 anos de ditadura, muitos pensavam que a eleição de um presidente civil era garantia para a solução de todos os problemas. A doença e morte de Tancredo foram acompanhadas com emoção. Seu sepultamento paralisou o país. A cena do seu caixão sendo levado para o interior do Palácio do Planalto, "subindo a rampa" – gesto que simbolizava a posse que não houve – marcou todos que a viram. E todos a viram pela TV.

Para muitos, a conciliabilidade é uma das fragilidades da história política brasileira. Para outros, uma virtude. O modelo brasileiro de transição foi marcado pela conciliação entre as elites e pela frustração da esquerda – que queria o julgamento dos militares e a radicalização da democracia. O debate sobre o acerto desse modelo, como veremos no último capítulo, ainda está longe de se concluir.

O grande dilema brasileiro, entretanto, não era propriamente político. Quando a ditadura terminou, vivia-se grave crise econômica. Inflação e dívida externa: como enfrentar política e tecnicamente esses problemas? Passaríamos quase dez anos até encontrarmos uma solução. O "milagre brasileiro" havia chegado ao auge em 1973 com uma taxa de crescimento do PIB de 14%. O crescimento industrial havia atingido 17%. Nenhum analista supunha que fosse possível manter esses patamares. O ritmo era muito intenso.

Ocorre que, em 1973, os países exportadores de petróleo decidiram quadruplicar os preços do barril, processo que decorreu de uma série de injunções da política internacional, mas também de complexos problemas envolvendo a oferta do produto. Seja como for, o Brasil dependia muito do petróleo importado e os preços subiram incrivelmente. Geisel nomeou equipe econômica híbrida, com Mário Henrique Simonsen no Ministério da Fazenda e João Paulo Velloso na Secretaria de Planejamento. Simonsen tentou implementar um programa de ajustes, mas Velloso supunha que fosse possível sustentar altas taxas de crescimento econômico nos anos seguintes. A eventual legitimidade do regime militar provinha, tão somente, do "milagre brasileiro": não é difícil adivinhar para que lado pendeu a balança. Ademais, também havia a questão partidária: com a reativação do MDB e o abrandamento da censura, as críticas às opções e aos fracassos econômicos do regime se tornaram comuns e foram muito utilizadas nas campanhas eleitorais.

Além dessa dimensão política, o não enfrentamento imediato da crise de 1973 – segundo muitos analistas – também decorreu de incompetência: Geisel e seus ministros simplesmente não se deram conta, naquele momento, da verdadeira dimensão do problema. De fato, havia financiamento externo disponível, mas a opção por recorrer a ele agravou muito o endividamento do país. As autoridades não se preocupavam com o montante da dívida, mas com os prazos de pagamento, pois supunham que a oferta de financiamento continuaria abundante.

Simonsen não conseguiu sustentar uma política restritiva. Na verdade, em 1974 houve uma expansão da base monetária e do crédito fornecido pelo Banco do Brasil e pelo Banco Central. Os resultados das eleições de 1974 assustaram o governo e tornaram ainda mais difícil evitar gastos. A tentativa de manter o ritmo de crescimento também decorreu de pressões dos empresários que vinham se beneficiando do "milagre".

Após a posse do general João Figueiredo, foi feita nova tentativa de ajuste, mas persistiriam os conflitos entre os defensores de políticas de austeridade e os que insistiam no desenvolvimento a qualquer custo. Em 1979, deu-se o segundo choque do petróleo, em função da interrupção da produção iraniana: os preços subiram ainda mais. Daí para frente, caminharíamos sempre em direção ao agravamento da crise, razão pela qual muitos analistas chamam os anos 1980 no Brasil de "década perdida". O governo tentou controlar as importações, mas o comércio mundial desacelerou depois de 1978 e as reservas brasileiras, que já vinham caindo desde 1974, caíram ainda mais.

Em 1981, pela primeira vez desde o fim da Segunda Guerra Mundial, o Produto Interno Bruto diminuiu. O crescimento industrial sofreu uma queda de 10%. Nessas circunstâncias, parecia inevitável recorrer ao FMI, mas o governo temia transparecer fraqueza. Em 1982 haveria eleições gerais, muito importantes porque definiriam a composição do Colégio Eleitoral que escolheria o próximo presidente da República. O governo negou até as eleições que recorreria ao FMI, mas, poucos dias depois, em 20 de novembro, anunciou a medida. A primeira tentativa de acordo, conhecida como "carta de intenções", foi submetida ao Fundo em janeiro de 1983. Mas as negociações seriam difíceis e, ao longo de um ano, sete cartas como essa seriam examinadas.

A inflação, em 1982, continuou a subir. Como os salários eram indexados, agravando a inflação, o governo, em 1983, tentou desindexá-los ao menos parcialmente por meio de decretos-lei que chegaram a ser rejeitados pelo Congresso Nacional. Greves expressivas também indicavam a fragilidade do último governo militar. A desindexação salarial e a inflação corroíam o poder de compra dos salários.

O Brasil entrava em fase de grande descontrole econômico-financeiro. Três meses após a aprovação do programa de estabilização proposto pelo país, o FMI suspendeu o desembolso de US$ 2 bilhões em 1983. Nesse ano, verificou-se grande especulação financeira e uma corrida pelo dólar: a diferença entre a cotação oficial da moeda norte-americana e o mercado paralelo chegou a 100%. Houve saques a supermercados e muitos protestos contra a crise.

Portanto, foi com essa atribulada conjuntura econômica que o país chegou ao fim do regime militar. Como já mencionamos, o início dos anos 1980 foi marcado por agitada dinâmica social em torno de protestos e manifestações que, embora não restritos ao tema, tinham nas dificuldades econômicas um dos seus principais vetores. A inflação e a dívida externa tornaram-se questões discutidas politicamente. O PMDB, evidentemente, criticava o governo. Além das restrições à liberdade e da repressão, o regime perdeu inteiramente qualquer legitimidade que pudesse ter tido também por conta do descontrole econômico.

Certas práticas dos últimos governos militares no campo econômico expressavam seu caráter autoritário e antissocial. Por exemplo, como o Congresso Nacional foi privado de sua prerrogativa de aprovar o orçamento da União, nos anos 1970 e 1980, o Conselho Monetário Nacional, na prática, o substituiu. Representantes dos bancos, das indústrias, os grandes comerciantes, exportadores e fazendeiros decidiam quanto seria emprestado a eles próprios, quais subsídios beneficiariam a eles mesmos, quanto de isenção fiscal os favoreceria.

A associação entre ausência de legitimidade política e incapacidade de gerência econômica gerou, entretanto, uma expectativa difícil de realizar e que se tornaria um problema: a democracia seria capaz de superar todas essas dificuldades? Depois da derrota da emenda Dante de Oliveira, a eleição de Tancredo Neves encheu o país de boas expectativas, mas sua morte levou José Sarney ao poder no dia 15 de março de 1985. Seu governo seria um completo fracasso do ponto de vista econômico.

No início, ainda sob o peso da dramática incapacitação de Tancredo Neves – que só morreria no dia 21 de abril –, Sarney tentou manter-se discreto, ante a improvável, mas alardeada, recuperação do presidente eleito. Ele estabeleceu um plano convencional de austeridade, por meio de um corte de 10% no orçamento e da proibição de contratação de funcionários públicos. Sua equipe econômica – escolhida, na verdade, por Tancredo Neves – reproduzia a heterogeneidade de equipes anteriores. Em abril de 1985, o ministro da Fazenda, Francisco Dornelles, decretou o congelamento dos preços na expectativa de controlar a inflação. Consolidava-se, entre diversos economistas, a tese de que a inflação brasileira tinha um componente "inercial": por causa dos mecanismos de indexação, à memória da inflação passada acrescia-se a expectativa quanto à inflação futura. Por isso, foi alterado o cálculo da correção monetária, que era determinada pela inflação do mês: ele passou a se basear nos três meses anteriores. A inflação chegou a cair, passando de 12,7%, em março, para 7,2% em abril. Mas ela não cederia: diante de problemas diversos, sobretudo na produção agrícola, a inflação chegou a 14% em agosto. Um novo ministro da Fazenda foi nomeado, Dílson Funaro. Ele manteve, por algum tempo, essa abordagem cautelosa, mas a inflação chegaria a 16,2% em janeiro de 1986.

Em fevereiro de 1986, o governo Sarney implantou o Plano Cruzado, cujo nome deriva da reforma monetária que promoveu: a velha moeda, o cruzeiro, foi extinta e, em seu lugar, surgia o cruzado, com três zeros a menos, ou seja, todos os depósitos em bancos foram convertidos, considerando-se que mil cruzeiros valiam um cruzado. Os salários o foram pela média do poder de compra dos últimos seis meses. Se a inflação acumulada chegasse a 20%, seriam corrigidos – mecanismo que se denominou "gatilho salarial". Todos os preços, tarifas e serviços foram congelados.

Os elaboradores do plano supunham que as normas relacionadas ao salário fossem equilibradas, isto é, não promoveriam "arrocho salarial", nem estimulariam o consumo desenfreado, mas foi exatamente isso que se verificou, pois o cruzado conseguiu de fato reduzir a inflação, fortalecendo os salários e provocando uma corrida consumista. O plano havia decretado um aumento de 15% do salário mínimo e um abono de 8% para os salários em geral.

A possibilidade de consumir produtos e serviços, até então inacessíveis, deu grande popularidade a José Sarney. De posse das "tablitas" – tabelas de indicadores que expurgavam das dívidas a inflação presumida – os consumidores se tornaram defensores do Plano Cruzado ostentando bótons que diziam: "Eu sou fiscal do Sarney". Supermercados eram fechados e empresários eram presos por supostamente não obedecerem às novas regras. Esse *boom* do consumo levaria a grave crise de desabastecimento: os produtos começaram a faltar nas prateleiras dos supermercados, nas lojas de automóveis etc. O governo tentou importar alguns itens, como leite e derivados, carne e batatas, mas a burocracia herdada da ditadura tornou esse processo caótico e ineficaz. Talvez como expressão de sua origem autoritária, Sarney determinou que a Polícia Federal coibisse o desabastecimento. Havia, supostamente, um boicote dos pecuaristas que estariam evitando fornecer carne. Em função disso, a polícia foi acionada: a investigação sobre a existência de "boi gordo no pasto" foi um dos momentos patéticos do Plano Cruzado.

Houve também significativo desalinhamento de preços, devido à combinação entre o desabastecimento e a complexidade da definição dos valores: carros usados tinham preços mais elevados do que carros novos. As filas para comprar isso ou aquilo se tornaram rotineiras. Os empresários começaram a pedir o fim do congelamento dos preços.

Era evidente para todos que o plano necessitava de ajustes, mas aproximavam-se as eleições de novembro de 1986, de modo que o governo adiou qualquer decisão na esperança de obter ganhos eleitorais em função da popularidade do cruzado – que se mantinha apesar de todos os visíveis percalços. O PMDB foi amplamente vitorioso, elegendo 22 governadores para os 23 cargos em competição, e conquistou a maioria no Senado e na Câmara dos Deputados.

Entretanto, pouco mais de um mês depois, no dia 21 de novembro de 1986, o governo anunciou o aumento das tarifas dos serviços públicos e o descongelamento dos preços – processo que ficou conhecido como Cruzado II. A inflação, contida com o Plano Cruzado, ganhou força novamente: passou de 3% em novembro, para 16% em janeiro de 1987.

As reservas cambiais brasileiras se deterioraram rapidamente em função do aquecimento do consumo. Segundo relata o próprio Sarney, em fevereiro de 1987 o Brasil tinha dinheiro para pagar apenas três meses de importações. A economia estava em colapso. Inesperadamente, Sarney comunicou na TV a moratória da dívida externa brasileira: ele parecia estar anunciando uma decisão soberana, altiva, mas, a partir de então, o país se tornaria muito malvisto no mercado internacional. Crise total. Funaro seria demitido. O novo ministro, Luiz Carlos Bresser Pereira, assumiu com a obrigação de conseguir o impossível: terminar com a situação de inadimplência criada com a moratória, controlar a inflação e renegociar a dívida externa. Em junho de 1987, seria anunciado o Plano Bresser, que duraria pouco. Impôs a adoção da URP (Unidade de Referência de Preços), que resultou na redução dos salários. Poucos meses depois, a inflação voltou aos dois dígitos. Os empresários estavam de sobreaviso, apreensivos com as propostas de tabelamentos e, por isso, remarcaram os preços antes de um possível congelamento, além de esconderem produtos para evitar vendê-los a baixo preço.

Bresser teve mais importância em outra frente: ele propôs aos credores estrangeiros um desconto na dívida externa. O secretário do Tesouro norte-americano, James Baker, inicialmente recebeu a proposta com desdém, mas, anos depois, defenderia algo assemelhado para as dívidas externas dos países latino-americanos por meio de estratégia que ficaria conhecida como Plano Baker. Não era a primeira vez (nem seria a última) que o governo norte-americano se apropriava de propostas brasileiras – inicialmente vistas como inexequíveis – para, posteriormente, adotá-las com outra roupagem (como vimos no caso da Operação Pan-Americana e da Aliança para o Progresso). Bresser, entretanto, deixaria o cargo. Em seu lugar, assumiu um funcionário de carreira do Ministério da Fazenda que preferiu não inovar e adotar medidas rotineiras – na época conhecidas como "política do feijão com arroz". Foi durante seu período à frente do ministério que o Brasil conheceu as maiores taxas de inflação: ela chegou a 30% no final de 1988.

Maílson da Nóbrega, o novo ministro, acabaria, entretanto, por tentar algo mais ousado no final de 1988, por meio de novo plano, conhecido como Plano Verão. Outra moeda foi criada, o "cruzado novo", mas, além de fragilidades técnicas, o plano não contava com apoio político, pois Sarney se tornara um dos presidentes mais impopulares da história do Brasil e Maílson não conseguiu agregar maiores apoios. A inflação voltou a subir e, dali para frente, o Brasil viveu a maior escalada inflacionária de sua história, chegando a 83% em março de 1990. Era, indiscutivelmente, a temida hiperinflação.

A população, de algum modo, aprendeu a viver com a inflação descontrolada. Não havia, aliás, alternativa. No momento em que recebia seu salário, o cidadão corria para os supermercados porque, no dia seguinte, seu dinheiro já estaria bastante desvalorizado. Quando se tinha notícia de um aumento do preço do combustível, as filas de carros enchiam os postos de gasolina. Donas de casa se tornaram especialistas no cálculo de índices, "tablitas" e descontos. A história do cotidiano dessa época ainda não foi elaborada por historiadores, mas jornalistas qualificados já a descreveram de modo contundente, como se pode ver no relato de Miriam Leitão, na época editora de economia do *Jornal do Brasil*. Em seu livro, sugestivamente intitulado *Saga brasileira*, ela descreve os detalhes daquela época dramática e destaca o papel das mulheres donas de casa, que tiveram de se transformar em protagonistas da economia.

Não se deve descuidar da dimensão simbólica daquele período. O Brasil não experimentou uma efetiva ruptura em relação à ditadura militar:

o primeiro presidente civil havia sido o líder do partido de sustentação do regime. Ademais, não houve o julgamento de qualquer responsável: os militares deixaram o poder e se mantiveram proeminentes durante o governo Sarney. Distintamente do que havia acontecido na Argentina, por exemplo. A ditadura militar no país vizinho acabou depois do fracasso da Guerra das Malvinas, e as juntas militares foram julgadas e punidas – ou seja, lá houve os dois principais episódios da História Política: a guerra e o julgamento do "príncipe", do chefe de Estado. Aqui foi bem diferente. A "Nova República", anunciada por Tancredo e efetivada por Sarney, foi uma falsificação da ruptura que não houve. Os símbolos da Campanha das Diretas, o hino cantado pelo povo e as cores nacionais estampadas em camisetas, foram retomados pela propaganda do cruzado e de Sarney. O entusiasmo passageiro com o plano deu a impressão de novos tempos – que, entretanto, não chegaram.

Nesse contexto, a campanha presidencial de 1989 foi vivida em clima de grande acirramento de posições. Foram lançadas 22 candidaturas. O Partido dos Trabalhadores (PT) lançou Lula como candidato e defendeu um programa radical. Dizia, por exemplo, que a dívida externa não seria paga com o sacrifício da classe trabalhadora. As críticas que o PT fazia ao governo Sarney e a imagem de uma autêntica ruptura com o passado embalaram muitas esperanças na esquerda e em setores sofridos da população. O lema da campanha do PT, reiterado por canção contagiante, garantia que, com "Lula lá", não precisaríamos ter "medo de ser feliz":

> Sem medo de ser feliz
> Quero ver você chegar
> Lula lá, brilha uma estrela
> Lula lá, cresce a esperança
> [...]
> Pra fazer brilhar nossa estrela
> Lula lá, muita gente junta
> Valeu a espera
> Lula lá, meu primeiro voto
> Pra fazer brilhar nossa estrela

A possibilidade de vitória de Lula gerou grande temor entre empresários e grupos conservadores – sem falar nos militares, que viam no PT a ameaça do temido "revanchismo". Foi emblemática essa eleição. Ulisses Guimarães, candidato do PMDB, ficou em 7º lugar, em grande medida por causa do "estelionato eleitoral" promovido pelo partido em 1986 em função do Plano Cruzado: o "Sr. Diretas" de 1984, o homem que havia reanimado a oposição com sua "anticandidatura", em 1973, chegou à democracia com esse desempenho frustrante. Maluf, que tentara suceder Figueiredo, ficou em quinto lugar, amargando o rancor da população contra a ditadura. O líder trabalhista Leonel Brizola, visto pelos militares como seu principal inimigo, perdeu para Lula por pequena margem de votos e não passou para o segundo turno – novidade estabelecida pela nova Constituição aprovada em 1988. Lula ficou com pouco mais de 16% dos votos e o desconhecido Fernando Collor de Mello conquistou mais de 20% dos votos válidos.

O que estava em pauta naquele momento – como, aliás, em muitas outras eleições – era a busca pelo novo, pela mudança. A população estava cansada dos velhos políticos. Se Lula parecia novo em função das propostas radicais do PT, Fernando Collor parecia ousado pela imagem que conseguiu consolidar de "caçador de marajás". Ele era governador de Alagoas desde 1987 e se tornou nacionalmente conhecido por denunciar funcionários públicos que recebiam salários muito elevados (os "marajás"). Demitiu pessoas e extinguiu cargos e órgãos públicos. Deixou o governo de Alagoas para concorrer à presidência fazendo duros ataques a Sarney. Era jovem e, ante a ameaça de vitória de Lula, conseguiu o apoio de empresários e de boa parte da mídia. Convenceu parcela significativa do eleitorado utilizando o discurso do combate à corrupção e aos privilégios, que já havia sido o mote de outros políticos personalistas, como Jânio Quadros.

## MODERNIDADE E ATRASO

Nos anos 1970, na cidade de Brasileia, distante mais de 200 km da capital do estado do Acre, o desmatamento da Floresta Amazônica resultava em prejuízo muito concreto para os seringueiros, trabalhadores que extraíam o látex da seringueira para a produção de borracha. Eles inventaram uma forma de protesto singular, o "empate": grupos de seringueiros e familiares (incluindo mulheres, crianças e idosos) protegiam com seus próprios corpos as árvores ameaçadas pelas serras elétricas. Eram manifestações pacíficas, ainda que incisivas.

O secretário-geral do sindicato dos trabalhadores rurais da cidade, Chico Mendes, logo se notabilizou por suas iniciativas nesse sentido e, também, em defesa da posse da terra para os nascidos na região. Ajudou a fundar outros sindicatos, como em sua cidade natal, Xapuri, também no Acre, onde acabou sendo eleito vereador, pelo MDB, em 1977. Em Xapuri, usando a Câmara de Vereadores, promoveu debates sobre os problemas da região. Em 1985, propôs a União dos Povos da Floresta, reunindo índios e seringueiros em defesa da floresta por meio da criação de reservas extrativistas e da reforma agrária. Obteve repercussão internacional por sua perspectiva ecológica. Foi convidado a discursar no senado norte-americano. Em consequência, financiamentos a empresas que promoviam o desmatamento foram suspensos. Passou a ser acusado de atrasar o progresso do Acre e a receber ameaças de morte, mas, no exterior, recebeu vários prêmios. Um ano depois, em 1988, foi assassinado.

No Rio de Janeiro, funcionava, desde 1981, o Instituto Brasileiro de Análises Sociais e Econômicas (Ibase), criado pelo sociólogo Herbert de Souza, que retornara ao Brasil após a anistia de 1979. O Ibase era uma organização não governamental (ONG) voltada para a análise crítica de políticas governamentais e a proposição de alternativas.

Um dos fundadores do Ibase, Carlos Afonso, percebeu a importância que a internet teria no futuro e, assim, em 1988, o instituto tornou-se precursor da utilização, no Brasil, de serviços de comunicações de dados, incluindo correio eletrônico, teleconferências e acesso remoto a bases de dados alternativas, que podiam ser utilizados por qualquer um que possuísse um microcomputador conectado a uma linha telefônica: era o Alternex. Segundo Carlos Afonso, era muito difícil convencer outras ONGs a substituírem suas velhas "caixas de sapato", cheias de fichas de papel, por computadores. Ele insistiu.

Quando Chico Mendes foi assassinado, em 1988, na remota Xapuri, o Alternex divulgou imediatamente a notícia para todo o mundo, bem antes da grande imprensa. Várias entidades estrangeiras passaram a cobrar explicações do governo brasileiro. O crime repercutiu instantaneamente em diversas partes do mundo. A modernidade de Chico Mendes – que anteviu as vantagens do manejo sustentável das florestas – contrastava com o atraso tecnológico da sociedade brasileira, que só veria a disseminação do uso do computador nos anos 1990.

A campanha pelo segundo turno foi muito dura. Lula obteve o apoio de Brizola (PDT), do PMDB e do Partido da Social Democracia Brasileira (PSDB) – criado em 1988 por dissidentes do PMDB insatisfeitos com o governo Sarney. Collor reuniu os setores conservadores em torno de seu nome, embora todos o vissem com desconfiança. Lula crescia nas sondagens de opinião pública. Acuado pelas pesquisas e por acusações de corrupção em Alagoas, Collor partiu para o ataque: afirmou na TV que Lula, caso chegasse ao poder, promoveria o confisco da poupança e dos apartamentos da classe média. Não satisfeito, fez acusações pessoais, mostrando depoimento de uma ex-namorada de Lula que o acusava de ter estimulado o aborto em função de gravidez imprevista. A TV desempenhou papel muito importante. Os debates entre Collor e Lula no segundo turno foram uma grande novidade, após anos de restrições durante o regime militar. Lula não foi muito bem no debate de 14 de dezembro, transmitido por um *pool* de emissoras de TV. A Rede Globo, no dia seguinte, enfatizou seu mau desempenho, divulgando uma edição tendenciosa em seu principal noticiário noturno – o Jornal Nacional. A Globo jamais se recuperaria da imagem negativa de partidarismo: havia apoiado o regime militar, tentou esconder a Campanha das Diretas e distorceu o debate dos candidatos à primeira eleição direta – além de outros problemas, pois, em 1982, foi acusada de malversar a apuração da eleição para o governo do estado do Rio de Janeiro, vencida por Leonel Brizola, no rumoroso "caso Proconsult". Proconsult foi a empresa de informática contratada para fazer a totalização da apuração das cédulas eleitorais. As mesas coletoras dos votos iniciavam a apuração que, depois, era terminada pela Proconsult. Votos em branco foram preenchidos, ainda nas mesas, em favor do candidato apoiado pelo regime e, na fase da totalização, votos nulos foram desviados, pela Proconsult, também para ele. Há muitos indícios de que a fraude foi encomendada pelo SNI, preocupado com a composição do Colégio Eleitoral. A Globo ficou com má fama porque noticiou a apuração a partir dos dados adulterados, enquanto outros veículos, como a Rádio Jornal do Brasil, conseguiram identificar a fraude.

Collor se tornou presidente com apenas 40 anos, o mais jovem da história brasileira. Não contava com estrutura partidária de apoio, pois se elegeu pelo inexpressivo Partido da Reconstrução Nacional (PRN). Teve dificuldades para montar sua equipe. Fundiu os ministérios da Fazenda, do Planejamento e da Indústria e Comércio em um superministério, o da

Economia, alardeando que o fazia por economia de recursos – mas é claro que isso facilitava a escolha do primeiro escalão, para o qual não tinha nomes. Nomeou para o novo cargo Zélia Cardoso de Mello. Foi ela quem anunciou o Plano Brasil Novo, ou Plano Collor, como ficaria definitivamente conhecido esse que foi, seguramente, o mais surpreendente intento de combate à inflação brasileira no século XX.

O plano foi anunciado no dia seguinte à posse de Collor, 16 de março de 1990, e determinou o bloqueio de todos os depósitos em contas correntes e aplicações em bancos, além de estabelecer outras medidas no campo das finanças públicas, da abertura comercial e da estruturação do Estado. Entretanto, o impacto do bloqueio foi tão grande que, ainda hoje, ele é lembrado apenas como "o plano que confiscou a poupança" – exatamente o que Collor disse que Lula faria. Todos os depósitos que ultrapassassem 50 mil cruzados novos foram congelados por 18 meses com a promessa de devolução, após esse período, em 12 prestações. Um cruzado novo passou a valer um cruzeiro (antigo e recuperado nome que se atribuiu à nova moeda). Concretamente, as pessoas podiam sacar de suas contas apenas 50 mil cruzeiros (isso equivalia ao preço de 17 cestas básicas). Era uma desesperada tentativa de bloquear a liquidez e conter a inflação: cerca de 95 bilhões de dólares foram confiscados. A velha moeda, o cruzado novo, continuou a circular, mas os depósitos foram todos convertidos. Em uma situação como essa, dificilmente alguém se aventuraria a comprar o que fosse, além de alimentos e outros itens básicos, mas, ainda assim, o plano também decretou o congelamento dos preços.

Muitos problemas surgiram: aposentados queriam sacar seus recursos, pessoas doentes também precisavam deles. A infinidade de dramas que se abateu sobre a sociedade brasileira desgastou a equipe econômica, que, inexperiente e atônita, mal conseguia explicar suas normas básicas. Foi um período de muito sofrimento para milhões de pessoas. Ainda assim, em função do descrédito do governo anterior e da benevolência que cerca um novo governo, o plano se manteve e foi aprovado pelo Congresso Nacional.

Em função das óbvias necessidades de alguns grupos, mecanismos de liberação do dinheiro depositado foram estabelecidos em alguns casos. Por exemplo, cidadãos acima de 65 anos puderam sacar a totalidade de seus recursos. Doentes graves também. Eram as "torneirinhas", como se dizia na época. Municípios e estados podiam pagar seus fornecedores.

Com o tempo, as "torneirinhas" foram sendo autorizadas, sem critérios compreensíveis, estabelecendo descompassos e incredulidade, pois alguns setores e grupos eram beneficiados por terem as "torneirinhas" abertas e outros, não. Ademais, as pessoas tentavam encontrar saídas, trocando produtos por moeda. Por exemplo, como não era possível deixar de se locomover, as empresas de ônibus passaram a amealhar a moeda disponível e se tornaram um parceiro importante para alguns negócios. Um empresário podia não ter dinheiro para comprar os produtos de que necessitava, mas talvez tivesse produtos que interessassem a outros e fazia o velho escambo.

A inflação caiu para 7,59% em maio, mas voltou a subir. Zélia Cardoso de Mello não tinha condições de permanecer no cargo, depois da arrogância e ineficácia com que anunciou e gerenciou o Plano Collor. O fracasso do plano e o retorno da inflação a tiraram do cargo. O novo ministro, Marcílio Marques Moreira, embaixador do Brasil em Washington, decidiu não inovar: buscou devolver o dinheiro retido pelo plano no prazo devido e tentou sustentar um padrão de rotina e legalidade que fosse capaz de reconstruir a credibilidade do sistema, depois das medidas impactantes e ineficientes do Plano Collor. Até hoje, ações decorrentes do plano correm na Justiça.

No *front* externo, a negociação da dívida externa submetia os funcionários brasileiros a intermináveis reuniões nas quais o país era acusado de não cumprir suas promessas (em grande medida, por causa da moratória de Sarney), mas, ao menos, ela se iniciou. Esse é um aspecto interessante: o governo Collor foi um grande fiasco, mas deu início a processos de média e longa duração que, segundo muitos analistas, beneficiariam o país. A abertura comercial para o exterior e a privatização de empresas estatais são lembradas como algumas dessas iniciativas. Muitos personagens secundários atuaram ao longo dos anos: funcionários públicos de alto nível, que bem mereceriam uma história à parte, pois, independentemente dos governos, colaboraram não apenas para manter algum padrão de racionalidade nesses momentos de crise, mas também para enfrentar problemas concretos, específicos, como o da dívida externa. A história da renegociação da dívida externa perpassa governos muito distintos, como o último governo militar, o período de Collor e os governos posteriores. Ainda não é o caso de se detalhar esse processo, mas de se fazer justiça a essa paulatina qualificação da burocracia brasileira – que, como se viu, tem antecedentes importantes, desde o fim da Segunda Guerra Mundial. Como ainda veremos, a renegociação da dívida externa só se concluiria no futuro, mas o governo Collor conseguiu avançar bastante no tocante a restrições a importações de produtos de informática e outras frentes.

A insondável personalidade de Fernando Collor de Mello poderia dar motivo a muitas considerações aos que atribuem importância ao perfil psicológico dos mandatários. Ao mesmo tempo arrogante, voluntarioso e autoritário, Collor, entretanto, parecia ter bons diagnósticos intuitivos sobre as limitações do Estado brasileiro em relação às concepções nacionalistas prevalecentes. Por exemplo, o país estava com certeza limitado no que dizia respeito à informática e à indústria automobilística. Prevaleceu, entre 1977 e 1991, política nacional de informática que estabeleceu reserva de mercado: somente empresas de capital nacional podiam atuar nos ramos da informática. Era impossível para os brasileiros ter acesso a computadores de qualidade. A proteção da indústria nacional era tema-tabu, politicamente valorizado pela ótica nacionalista – à direita e à esquerda. Supunha-se que seria possível desenvolver uma "autêntica indústria nacional" (de informática, de automóveis etc.) excluindo-se a competição internacional. Collor, em frase polêmica, mas logo aceita, disse que os veículos brasileiros não passavam de "carroças" – inseguros e precários. Concomitantemente, entretanto, o presidente agia como alguém deslumbrado com o poder. Não obstante fosse originário de família tradicional e poderosa, comportava-se como *nouveau riche* ou *playboy*, andando de *jet ski*, alardeando gastos supérfluos e admiração por produtos importados. De caso pensado ou genuinamente, sua emulação do "primeiro mundo" ajudou a abertura ao comércio exterior.

A dramática situação de Collor, em face do fracasso de seu plano econômico, se complicaria com denúncias de corrupção no governo. Em maio de 1992, seu irmão, Pedro Collor, deu entrevista bombástica denunciando a existência de amplo esquema de corrupção liderado pelo tesoureiro da campanha de Collor, Paulo César Farias, o "PC Farias", personagem sinistro e obscuro que, de um momento para outro, se tornou conhecido em todo o Brasil. Pedro sentiu-se ameaçado porque PC Farias pretendia implantar empresas de comunicação concorrentes ao seu Grupo Arnon de Mello em Alagoas. O Congresso Nacional decidiu investigar e criou uma Comissão Parlamentar de Inquérito (CPI). As sessões e as audiências promovidas pela CPI eram acompanhadas com interesse por toda a população. A imprensa também procurava evidências de desvios e esse foi um grande momento para o chamado "jornalismo investigativo": as revistas semanais eram aguardadas com expectativa, pois, a cada fim de semana, surgiam novas denúncias contra o esquema PC Farias. Todos se perguntavam: "quando o presidente será atingido?". As ligações entre o esquema de corrupções de PC Farias e o presidente Collor não tardaram a surgir. Contas bancárias em nome de terceiros, de "testas de ferro" (os chamados "laranjas"), foram descobertas como veículos para o financiamento da campanha de Collor à presidência da República. "Contas-fantasma" teriam financiado reformas de aparência suntuosa na casa onde o presidente morava – a Casa da Dinda. Collor alegou que obtivera os recursos por meio de um empréstimo que ficou conhecido como Operação Uruguai, mas logo se verificou que ele utilizava sobras da campanha eleitoral. Finalmente, comprovou-se que um carro foi comprado para a mulher de Collor com o dinheiro malversado de PC Farias. Curiosamente, muitas provas contra Collor foram reunidas porque ele acabara com os cheques ao portador, tornando possível rastrear os emissores dos cheques que abasteceram as "contas-fantasma". Como se não bastasse, o motorista Eriberto França – funcionário que trabalhava na assessoria de Collor – sustentou na CPI que fazia operações escusas em favor do presidente: o depoimento de pessoa humilde denunciando poderosos comoveu a nação. Perguntado por um parlamentar se ele fazia aquilo por simples patriotismo, Eriberto respondeu: "E o senhor acha pouco?"

A população foi para as ruas protestar contra o presidente. Organizou-se o Movimento pela Ética na Política, que chegou a reunir aproximadamente 900 entidades. A Ordem dos Advogados do Brasil decidiu apresentar ao Congresso Nacional o pedido de *impeachment* do presidente e o fez por meio de caminhada em Brasília que acabou por reunir 3.000 pessoas. Collor não avaliou bem o significado e o alcance do movimento. Ele tentou reverter a negatividade do quadro apelando também para um ato simbólico, convocando diretamente o povo a apoiá-lo. Decidiu pedir à população que saísse às ruas vestida com as cores nacionais num domingo. Na sexta-feira, os integrantes do Movimento pela Ética resolveram convocar uma contramanifestação, na qual as pessoas deveriam vestir preto, em "luto" que expressasse o repúdio ao presidente. Eles supunham ser capazes de reunir algumas dezenas de pessoas, em função do pouco tempo disponível para divulgar o ato, mas milhares foram para as ruas de preto. Os estudantes, a partir de então, participaram ativamente dos protestos e ficaram conhecidos como os "caras-pintadas", pois coloriam o rosto com as cores nacionais.

Iniciou-se o processo de destituição do presidente. No dia 29 de setembro de 1992, a Câmara dos Deputados autorizou a abertura do processo no Senado por 441 votos contra 38 e 1 abstenção. Como estabelecia a Constituição, em casos como esse, o presidente deveria ser julgado pelo Senado, presidido pelo presidente do Supremo Tribunal Federal.

Os dias passaram apenas a ser contados: todos sabiam da iminência de um desfecho trágico. Mais uma vez, o Brasil se via à beira do abismo: o presidente se mataria, como se deu com Getúlio Vargas? Renunciaria, como Jânio Quadros o fez?

Collor comportava-se de maneira errática, distante e incongruente: ninguém se atrevia a adivinhar o que ia no espírito do presidente. No final de março de 1992, antes, ainda, do auge das acusações de corrupção, ele articulou a renúncia coletiva de seu ministério, tentado aproximar-se de tradicionais setores conservadores da política brasileira e livrar-se de nomes inexpressivos de seu ministério inicial. Seus ministros da Economia, Marcílio Marques Moreira, da Justiça, Célio Borja, e das Relações Exteriores, Celso Lafer, seriam designados pela imprensa como "grupo ético", espécie de trio abnegado que conduziria o governo ao seu destino fatal, pois, a partir das denúncias de corrupção, Collor mal conseguia governar. A economia naufragava, a política se esgarçava.

No dia 1º de outubro, o Senado instaurou o processo e Collor foi afastado do cargo até o julgamento final, que ocorreu no dia 29 de dezembro de 1992. Durante a sessão, o advogado do presidente leu uma carta em que Collor anunciava sua renúncia ao cargo, última tentativa de evitar o *impeachment*, mas o Senado desconheceu o gesto, seguiu com o julgamento e condenou Collor por ampla maioria, 76 votos contra apenas 3 em defesa do ex-presidente. Ele perdeu o mandato e se tornou inelegível por 8 anos.

Terminava de maneira trágica o mandato do primeiro presidente escolhido por eleição direta após o fim da ditadura militar. O país parecia fadado ao fracasso.

# A democracia
# sob teste

Não deixa de ser surpreendente que o Brasil tenha superado tantas dificuldades, se compararmos a situação mais recente aos períodos dos governos militares e os de Sarney e Collor: a democracia se consolidou e os problemas econômicos mais graves estão sob relativo controle. Ao historiador não cabe fazer predições, mas, para toda a sociedade brasileira, seria uma frustração terrível voltar a viver em regime de supressão de liberdades ou em condições de total descontrole econômico. É difícil imaginar que haja espaço, por exemplo, para golpes militares. Do mesmo modo, não é fácil supor que um governo possa cometer desatinos que resultem em inflação descontrolada sem que haja grande reação por parte da sociedade.

De fato, o fim do comunismo e da Guerra Fria tornou o discurso anticomunista supérfluo. As Forças Armadas, desde então, passaram a enfrentar problemas profissionais próprios, como a definição do seu papel no sistema democrático, a subordinação ao Ministério da Defesa (criado em 1999), comandado por um civil e, também, a superação da imagem negativa que ainda mantêm diante de alguns setores da sociedade por causa de seu envolvimento com a repressão política, a tortura e os desaparecimentos durante a ditadura. Da mesma forma, conquistas importantes no plano econômico tornaram a sociedade mais atenta. A Lei de Responsabilidade Fiscal, de maio de 2000, procura impedir que prefeitos, governadores e presidente da República gastem mais do que arrecadam, especialmente no último ano de governo, pois é tradição brasileira que gestores em fim de mandato promovam obras que deixam para ser pagas por seus sucessores. A inflação sob controle, o respeito aos contratos e a rejeição de "medidas de impacto" também são valorizados pela maioria da população.

Foi um longo processo. O governo Sarney, como vimos, fracassou, mas a experiência do Plano Cruzado chamou a atenção de todos para as vantagens de se viver sem inflação. O Congresso Nacional, paulatinamente, retomaria suas prerrogativas, ainda que aos trancos e barrancos: as comissões parlamentares de inquérito (CPIs), que muitos veem com descrédito porque não geram punições imediatas, serviram para evidenciar desacertos que, aos poucos, foram sendo enfrentados: a ideia de que "tudo acaba em pizza" é tão simplificadora como a suposição de que "todo político é corrupto". Viver em democracia demanda atuação político-partidária. O Partido dos Trabalhadores, inicialmente com posições radicais, só chegaria ao Executivo federal depois de moderar seu discurso, mas, mesmo antes, quando conquistou prefeituras, implementou práticas como a do chamado "orçamento participativo", que indicaram as vantagens da transparência e da visibilidade dos negócios públicos e da existência de mecanismos populares de controle – algo que se tornaria muito facilitado com o desenvolvimento da internet. O próprio governo Collor, que frustrou as esperanças dos seus milhões de eleitores, deixou alguns saldos positivos que, como vimos, inclusive serviram para incriminá-lo. Ademais, o processo de *impeachment* mostrou um bom grau de solidez das instituições democráticas, pois um presidente da República foi afastado do poder conforme as regras da Constituição, sem golpe de Estado. O PSDB, por seu turno, teria papel fundamental no controle da inflação, como ainda veremos. Para um país que viveu democracia tão frágil entre 1945 e 1964, a experiência democrática desde 1989 tem sido um verdadeiro processo pedagógico. Não se trata de sustentar posição de otimismo ingênuo, mas de reconhecer que temos condições de viver em uma sociedade justa e democrática – sonho ainda não realizado plenamente, entretanto.

Durante o governo Sarney, tivemos a notável experiência da constituinte, entre 1987 e 1988. Foi um processo muito disputado, a começar pelo próprio modelo de elaboração da nova carta, que significaria a definitiva superação da ditadura. Para a esquerda e outros setores, a preferência era por uma assembleia constituinte exclusiva, com parlamentares eleitos apenas para elaborar a constituição. Prevaleceu, entretanto, a tese dos setores conservadores: o Congresso Nacional eleito em 1986 foi transformado em Congresso Constituinte. Os debates foram intensos e mobilizaram bastante a sociedade. Os parlamentares do PMDB – partido que obteve ampla maioria em 1986 em função do Plano Cruzado –, mais afinados com as demandas sociais, dominaram os debates inicialmente. Suas propostas foram consideradas avançadas demais inclusive por parlamentares conservadores do próprio partido e, em função disso, foi criado o "Centrão", frente partidária com perfil entre moderado e conservador, que acabou por dominar o Congresso Constituinte. Ainda assim, a Constituição seria bastante avançada.

Para alguns críticos da Carta de 1988, a nova Constituição se tornou muito extensa, detalhista, justamente por tentar atender a tantas e tão particulares demandas sociais. Entretanto, avanços importantes viraram norma constitucional. Registre-se, por exemplo: o restabelecimento das eleições diretas para presidente da República e demais cargos executivos, a redução do mandato presidencial para 4 anos, a eleição em dois turnos, o fortalecimento do Ministério Público, a extensão do voto aos analfabetos e maiores de 16 anos, a diminuição da jornada de trabalho de 48 para 44 horas semanais, a criação do abono de férias, do seguro-desemprego e do décimo terceiro salário para os aposentados, a ampliação dos direitos dos trabalhadores rurais e domésticos, a criação da licença-paternidade e o aumento da licença-maternidade (de 90 para 120 dias), a definição do racismo e da tortura como crimes inafiançáveis, a valorização dos direitos do consumidor (que resultaria no Código de Defesa do Consumidor) e assim por diante. Algumas determinações constitucionais foram claramente uma resposta aos anos de arbítrio durante a ditadura militar: com o *habeas data*, todo cidadão passou a ter direito de acesso a qualquer documento do governo que lhe dissesse respeito. Do mesmo modo, a Constituição de 1988 proibiu a censura, garantiu a liberdade de expressão e estabeleceu mecanismos de participação popular direta, como o plebiscito, o referendo e a iniciativa popular para a proposição de novas leis.

Para o então presidente Sarney, a Constituição de 1988 tornaria o país ingovernável e, na sessão solene do Congresso Constituinte que a promulgou, Sarney jurou a nova Carta com as mãos visivelmente trêmulas. A Constituição de 1988 não tornou o país ingovernável. Prevalece, apesar das críticas, a interpretação de que ela é, de fato, a "Constituição Cidadã", como o presidente do Congresso Constituinte a designou. Em seu discurso quando da promulgação da nova carta, Ulisses Guimarães fez sua última grande aparição como líder da resistência democrática. Ele execrou a ditadura:

> Quando, após tantos anos de lutas e sacrifícios, promulgamos o estatuto do homem, da liberdade e da democracia, bradamos por imposição de sua honra: temos ódio à ditadura, ódio e nojo!

E mais adiante diria:

> A sociedade foi Rubens Paiva, não os facínoras que o mataram. Foi a sociedade, mobilizada nos colossais comícios das "Diretas Já!", que, pela transição e pela mudança, derrotou o Estado usurpador.

Em seu discurso, Ulisses também enalteceu a participação popular, pois 122 emendas populares foram analisadas pelo Congresso Constituinte, algumas com mais de 1 milhão de assinaturas:

> Há [na Constituição] representativo e oxigenado sopro de gente, de rua, de praça, de favela, de fábrica, de trabalhadores, de cozinheiros, de menores carentes, de índios, de posseiros, de empresários, de estudantes, de aposentados, de servidores civis e militares, atestando a contemporaneidade e autenticidade social do texto que ora passa a vigorar.

O discurso de Ulisses antevia um dos graves problemas vindouros do país, quando alertava:

A moral é o cerne da Pátria. A corrupção é o cupim da República. República suja pela corrupção impune tomba nas mãos de
demagogos, que, a pretexto de salvá-la, a tiranizam. Não roubar,
não deixar roubar, pôr na cadeia quem roube, eis o primeiro man-
damento da moral pública.

Como vimos, a eleição de 1989 foi vencida por Collor, que pareceu
cumprir o vaticínio sobre a corrupção mencionado por Ulisses. O sucessor
de Collor, seu vice-presidente, o mineiro Itamar Franco, tinha tudo para
passar em brancas nuvens como uma espécie de governo-tampão. Porém, foi
durante seu mandato que o país pôde, afinal, controlar a inflação graças ao
Plano Real. Itamar não tinha apoio político, havia apoiado Collor. Assumiu
interinamente em outubro de 1992. Desorientado, trocou de ministro da
Fazenda três vezes em poucos meses. Definiu-se, afinal, por Fernando Henrique Cardoso, integrante do PSDB que concordara em fazer parte do governo
de Itamar Franco como ministro das Relações Exteriores. Itamar, mais um
vice-presidente que assumia inesperadamente o poder, tinha convicções nacionalistas e pouco domínio dos temas econômicos. Teve o mérito de não
atrapalhar as iniciativas de Fernando Henrique Cardoso. FHC, como também
seria chamado, não é economista: um dos principais sociólogos brasileiros,
tornou-se conhecido, inclusive no exterior, por seus trabalhos acadêmicos.
Estudou a escravidão, o desenvolvimento econômico e as teses sobre a chamada "teoria da dependência", sendo um de seus principais formuladores.
Com forte vocação política, após ser expulso da Universidade de São Paulo
pela ditadura militar em 1969 (com base no AI-5), atuou no PMDB e ajudou a
fundar o PSDB. Aceitou conduzir o Ministério da Fazenda em maio de 1993.
　　Fernando Henrique reuniu equipe de experientes economistas, alguns dos quais haviam participado da elaboração de planos econômicos
anteriores. Inicialmente, anunciou cortes de despesas e novas medidas
visando à abertura comercial e à privatização de empresas estatais. Na TV,
garantiu que não haveria novos pacotes e que o combate à inflação seria
feito observando-se a lei e sem surpresas.
　　A equipe liderada por FHC baseou-se nas experiências anteriores, mas
propôs algo inovador. Ela não criou imediatamente uma nova moeda, mas
um "padrão de valor monetário": a Unidade Real de Valor (URV). Não existia concretamente, era apenas uma cotação diária que indicava a equiva-

lência entre uma URV e os "cruzeiros reais". Quando foi anunciada, no dia 1º de março de 1994, a URV valia 647,50 cruzeiros reais. A inflação afetava a moeda, os cruzeiros reais, mas a URV permanecia fixa. Os preços dos produtos, por exemplo, eram exibidos em cruzeiros reais e em URVs. Os salários foram convertidos pela média da inflação dos quatro meses anteriores. A nova moeda viria depois e a data de sua implantação era conhecida: 1º de julho de 1994. Era o real. A população, mais uma vez, compreendeu como deveria se adaptar. Adotou com entusiasmo a nova moeda. A inflação caiu e ficou sob controle. Dito assim, simplificadamente, parece ter sido fácil. Na verdade, desde então o Brasil enfrentou graves problemas econômicos, necessidades internas de ajustes (como o abandono da "âncora cambial", que tentava manter o real em patamar próximo à equivalência de um dólar, o chamado "câmbio fixo", abandonado em janeiro de 1999, com inesperada desvalorização do real, em favor de metas de inflação) e crises internacionais muito sérias (como a que afetou o México, em 1995, a Ásia, em 1997, e a Rússia, em 1998). Mas, em termos gerais, desde o Plano Real a inflação permanece sob controle.

A negociação da dívida externa também foi concluída no governo FHC, mas vinha sendo tentada desde antes: Luiz Carlos Bresser Pereira, quando ministro da Fazenda de Sarney, havia proposto um desconto para viabilizar o pagamento da dívida – que, como vimos, foi inicialmente rejeitado pelo governo norte-americano, mas acabou sendo adotado pelo secretário do Tesouro daquele país, James Baker, por meio do chamado Plano Baker para a América Latina. Durante o mandato de Collor, o governo tentou aprovar proposta de pagamento em 40 anos, que não frutificou. Quando Zélia Cardoso de Mello foi substituída por Marcílio Marques Moreira, em 1991, o novo ministro convidou Pedro Malan – que, na época, trabalhava no Banco Mundial – para assumir a função de negociador da dívida externa. Foi Malan quem solucionou o problema, conforme relata Miriam Leitão em seu livro já citado.

O Plano Baker havia evoluído para o Plano Brady, novo secretário do Tesouro norte-americano. Nicholas Brady incorporou a proposta do desconto para a reestruturação da dívida. As negociações, conduzidas por Malan, eram muito complexas: o Brasil devia a centenas de bancos. Foram muitas reuniões desde agosto de 1991 até julho de 1992, quando as diretrizes do acordo foram acertadas. O Brasil se comprometia a oferecer, em troca da dívida, títulos variados que estabeleciam descontos e prazos combinados com juros maiores ou menores. Por exemplo, se a opção do banco credor fosse por um desconto de 40%, os juros pagos seriam os de mercado. Se a opção fosse pelo pagamento integral da dívida, os juros seriam baixos. Os 880 bancos credores tinham, no total, cinco opções. Para eles, os descontos compensavam porque era preferível receber algum pagamento do que nada. Havia, entretanto, um problema adicional: os bancos exigiam que o Tesouro norte-americano avalizasse a negociação, emitindo títulos em garantia – pois a hipótese de um novo calote, como a moratória de Sarney, assombrava os credores. O governo norte-americano não concordou. Malan, então, sugeriu ao governo brasileiro que comprasse, às escondidas, títulos americanos de 30 anos. Isso durou meses. Em 1993, o acordo foi aprovado pelo Senado brasileiro e, em 1994, os títulos propostos pelo Brasil foram emitidos. Os credores voltaram a exigir a garantia do Tesouro norte-americano e se surpreenderam quando Malan apresentou, em resposta, os títulos comprados ao longo de meses. Fato raro, o Brasil fechou o acordo sem precisar do apoio dos Estados Unidos. Curiosamente, no futuro, o Banco Central brasileiro passou a comprar os próprios títulos emitidos pelo Brasil, quando ficavam baratos, também discretamente, terminando aos poucos, desse modo, com a dívida externa.

Foi o sucesso do Plano Real que catapultou a candidatura de Fernando Henrique Cardoso à Presidência da República. Lula, que fora derrotado em 1989, também perdeu a eleição de 1994. Ele despontou na frente nas primeiras pesquisas, mas suas críticas ao Plano Real o derrotaram.

O vaticínio de Ulisses Guimarães durante a promulgação da Constituição de 1988 – sobre o "cupim da República" – se abateria sobre todos os futuros presidentes eleitos pelo voto direto: Collor sofreu o *impeachment* acusado de malversar "sobras de campanha". Durante o governo de Fernando Henrique Cardoso, o Congresso Nacional aprovou emenda constitucional instituindo o direito à reeleição de prefeitos, de governadores e do presidente da República. FHC se candidataria e seria reeleito para novo mandato em 1998, mais uma vez derrotando Lula. Acusações de compra de votos surgiram, mas nunca foram efetivamente investigadas, manchando, desse modo, a impecável biografia do respeitado sociólogo. Lula enfrentaria problemas assemelhados.

## A REALIDADE DAS NOVELAS

Em 1970, 40% das residências urbanas possuíam aparelhos de TV, contra apenas 9,5% em 1960. Essa cobertura cresceria muito nos anos seguintes. A expansão da TV, no Brasil, beneficiou-se bastante do "milagre brasileiro" do regime militar: com o crédito fácil, as pessoas puderam comprar TVs. Foi também nesse período que as telecomunicações deram salto expressivo com a possibilidade de transmissão para grandes distâncias por intermédio da frequência de micro-ondas ou via satélite. Programas gerados na sede das emissoras passaram a ser retransmitidos para repetidoras em todo o Brasil, tal como se deu com o pioneiro *Jornal Nacional*, da Globo, em 1969.

Desde 1965, trabalhava na Globo a roteirista cubana María Magdalena Iturrioz y Placencia, que adotou o nome de Glória Magadan quando veio para o Brasil depois de se exilar em Miami fugindo da Revolução Cubana. Ela imprimiu ritmo industrial à produção de telenovelas, além de acompanhar atentamente as tendências da opinião pública, criando ou eliminando personagens conforme o gosto do espectador. Suas novelas baseavam-se em óperas e romances estrangeiros, distantes da realidade nacional, sempre com tom melodramático.

Em 1968, a TV Tupi encenou *Beto Rockfeller*, que mostrava autêntico personagem brasileiro, um paulistano simples que, por meio de trapaças, conseguia ascensão social. Foi um sucesso.

No ano anterior, a fórmula da roteirista cubana mostrara sinais de esgotamento. A novela *Anastácia, a Mulher sem Destino*, escrita sob sua supervisão, parecia incompreensível ao público. Passava-se na França, no século XVIII, com muitos personagens. A Globo resolveu substituir Glória chamando Janete Clair, que produzia folhetins na Rádio Nacional. Para resolver o problema, Janete inventou um terremoto que matou mais de cem personagens retomando a história 20 anos depois.

Dali para a frente, a emissora alcançaria grande sucesso, apostando, principalmente, no modelo realista, enfocando questões conhecidas dos brasileiros. Em muitos momentos, abordou temas-tabu, como aborto, uso de drogas, homossexualismo etc., certamente tendo em vista altos índices de audiência, mas, também, suscitando o debate dessas questões. Esse produto autenticamente brasileiro se tornaria um sucesso de exportação: muitas novelas foram dubladas em várias línguas.

Algumas expressavam a realidade política do momento. Em *Vale Tudo*, levada ao ar entre 1988 e 1989, a incorruptível Raquel, vivida por Regina Duarte, era o oposto de sua filha inescrupulosa, Maria de Fátima, interpretada por Glória Pires. A novela abordou a corrupção e a desonestidade. Contrariando o tradicional recurso literário do "final feliz", nem todos os personagens maus foram punidos no último capítulo: Marco Aurélio, empresário corrupto vivido por Reginaldo Faria, conseguiu fugir e, do avião que sobrevoava a Baía da Guanabara, deu uma "banana" ao país. Ao fundo, a música tema da novela, "Brasil", sucesso de Cazuza interpretado por Gal Costa, desafiava: "Brasil / Mostra tua cara!"

Lula chegou ao poder depois de abrir mão das posições radicais do PT, sobretudo em relação à economia, o que fez por meio do documento intitulado "Carta ao Povo Brasileiro". Em junho de 2002, ele aparecia como favorito nas pesquisas, mas o mercado dava mostras de descontentamento com a possibilidade da chegada do "operário radical" ao poder. Havia muita especulação no mercado cambial e na bolsa de valores. Os principais líderes do PT resolveram ser pragmáticos. Lula divulgou esse documento comprometendo-se com posição moderada, assegurando o "respeito aos contratos e obrigações do país". Dizia também que asseguraria a estabilidade econômica – ele que tanto criticara o Plano Real –, mantendo a inflação sob controle. Era o "Lulinha, Paz e Amor", como foi designado, em contraposição a sua imagem de radical. De fato, logo após sua posse, os juros foram elevados para deter a inflação.

Como o leitor percebeu, a opção deste livro baseou-se na trajetória dos governos. Parece indispensável conhecer a trajetória política brasileira desde os anos 1950 para compreendermos aspectos importantes que caracterizam o país, como suas dificuldades em relação à consolidação da democracia e à estabilidade econômica. Essa opção decorre da necessidade didática de síntese e de exposição das linhas gerais de cada período. Muitos aspectos importantes, por isso mesmo, não foram abordados. No caso do governo Lula, a dimensão simbólica de sua chegada ao poder daria livro inteiro à parte: um operário, nordestino, de origem humilde, que tentou chegar à Presidência da República três vezes e só logrou êxito quando, de algum modo, abriu mão de princípios que marcaram sua trajetória e a de seu partido. Ainda assim, o sucesso de Lula foi avassalador, pois se beneficiou da estabilidade conquistada pelo Plano Real e de conjuntura internacional relativamente favorável – marcada por forte expansão da economia global com o aumento do comércio, em grande medida, graças à atuação da China no mercado mundial. Seu inegável carisma e a fase de relativa prosperidade (entre 2003 e 2008, o PIB cresceu a taxas modestas, mas cresceu; ademais, o número de trabalhadores com carteira assinada, isto é, o número de empregos formais, também cresceu significativamente) o tornaram um dos líderes mais populares da história republicana do Brasil, comparável a Vargas. A simplicidade de seu discurso – que frequentemente resvalou para a simplificação dos problemas – o tornou compreensível para todos os brasileiros, sobretudo os mais pobres. Não é possível, nos limites deste livro, tratar em detalhes de qualquer período, muito menos dos dois governos de Lula (pois ele também se beneficiaria da emenda da reeleição, conquistando novo mandato em 2006). Mas dois aspectos marcaram bastante seus mandatos.

O primeiro diz respeito às políticas sociais. Como vimos, desde o início dos anos 1980 os protestos sociais se avolumaram, não apenas por meio das tradicionais greves operárias (que Lula liderou no ABC paulista), mas também a partir de movimentos sociais diversos, que reagiam contra a precariedade do Estado no que diz respeito à segurança pública, à saúde, à educação, ao saneamento básico e assim por diante. Esses protestos indicavam a existência de uma sociedade viva, que reclamava dos altos impostos e da precariedade dos serviços públicos, demandas agravadas pela indignação diante da corrupção, que se tornou muito visível a partir do fim da ditadura. A Constituição de 1988, como vimos, de algum modo ecoou essa dinâmica social, pretendendo resolver, por meio da lei, os problemas sociais. Eles persistiriam, entretanto. Muitos personagens e episódios poderiam ser lembrados para ilustrarmos essa história. Talvez se possa simbolizá-los na atuação de Herbert de Souza, o Betinho.

Betinho era o icônico "irmão do Henfil", cantado na música-símbolo da Campanha da Anistia e de outras manifestações de resistência à ditadura, "O bêbado e a equilibrista", de autoria de João Bosco e Aldir Blanc, interpretada por Elis Regina. A canção, em certa passagem, falava do Brasil "que sonha com a volta do irmão do Henfil, / com tanta gente que partiu / num rabo de foguete". Era referência óbvia aos exilados, como Betinho, que havia se exilado no Chile, em 1971, e também morou no Canadá e no México. Voltou ao Brasil com a anistia de 1979 e fundou uma organização não governamental, o Instituto Brasileiro de Análises Sociais e Econômicas (Ibase). Liderou o Movimento pela Ética na Política, que teve papel importante no *impeachment* de Collor e, em 1993, lançou a Ação da Cidadania contra a Fome, a Miséria e pela Vida, que ficaria conhecida como "Campanha da Fome", espécie de decorrência do Movimento pela Ética, pois o grupo liderado por Betinho entendeu que a fome e a miséria eram problemas antiéticos por natureza. A campanha mobilizou muitas pessoas, que buscavam reunir alimentos para necessitados. Foi assumida como iniciativa governamental por Itamar Franco. Um "Mapa da Fome" mostrou que haveria 32 milhões de pessoas no Brasil vivendo como indigentes. Essas iniciativas inspirariam outras, assemelhadas, no futuro.

Em 1995, inspirado em antigos debates conduzidos pelo ex-reitor da Universidade de Brasília, Cristovam Buarque, foi criado o programa Bolsa Escola: o pagamento de uma renda mínima a famílias pobres que garantissem a frequência das crianças nas escolas. A proposta foi implementada em Campinas, em janeiro de 1995, na gestão do prefeito José Roberto Magalhães Teixeira (PSDB) e, pouco tempo depois, pelo próprio Cristovam, que assumiu o governo do Distrito Federal. Finalmente, o governo federal, então liderado por FHC, encampou o projeto em 2001. O Bolsa Escola beneficiou mais de 5 milhões de famílias.

O Bolsa Escola seria incorporado por Lula a um projeto maior, o Programa Bolsa Família, que unificou várias iniciativas governamentais de transferência de renda, pois também havia o Bolsa Alimentação (igualmente da época de FHC) e outras iniciativas assistenciais. Essa foi marca decisiva de seu governo: Lula ampliou o alcance e deu nova escala às iniciativas anteriores. Gerou expressiva diminuição do índice de pobreza: segundo cálculos abalizados, esse índice, em 1993, estava em 47%. Caiu para 38% na época do Plano Real e, em 2008 (segundo governo Lula) estava em 25%. Os críticos de Lula sustentavam que o Bolsa Família era meramente assistencialista e eleitoreiro. De fato, sua notável popularidade certamente resultou do fato de que muitos brasileiros passaram a ter acesso a bens e serviços outrora inalcançáveis. A disputa político-partidária pela paternidade dos programas de assistência social indica que a sociedade conseguiu inserir na agenda política, definitivamente, demandas que, outrora, eram ignoradas.

A disputa entre o PT e o PSDB marcaria a história política brasileira no início do século XXI. Mas poucos se lembram de que FHC e Lula estiveram próximos em diversos momentos: Lula panfletou em portas de fábrica em favor da candidatura de Fernando Henrique ao Senado em 1978; os dois cogitaram criar, juntos, um partido no final dos anos 1970; em 1989, contra Collor, o PSDB apoiou Lula no segundo turno. FHC e Lula eram amigos, talvez ainda o sejam: quando da morte precoce da mulher do líder do PSDB, a foto de um abraço comovido entre o sociólogo e o operário, no funeral de Ruth Cardoso, parecia simbolizar uma união desejável, interpartidária, que o mundo real da política torna impossível. Pois não parece abusivo afirmar que os dois partidos são complementares em muitos pontos.

O segundo aspecto que marca os governos Lula diz respeito ao que se convencionou chamar de "governabilidade". Tancredo Neves, o líder civil da resistência democrática, que marcou com sua morte a transição para a democracia, foi muito enaltecido por ter montado um ministério – afinal conduzido por Sarney – que conjugava todas as forças políticas contra a ditadura. Teria sido obra de perspicaz "engenharia política" que dava ampla sustentação ao governo reunindo partidos e tendências diversas. A fórmula de Tancredo inspiraria iniciativas assemelhadas, mas desvirtuadas. Após a derrocada do governo Collor – presidente sem nenhuma base partidária –, tanto FHC quanto Lula adotariam a repartição dos cargos ministeriais entre base partidária ampla que, assim, garantiria a aprovação de iniciativas governamentais pelo Congresso Nacional. FHC associou-se ao PFL (os dissidentes do PDS, sucedâneo da Arena) e a partidos fisiológicos. Lula se associaria ao PMDB e a partidos fisiológicos. Para governar, ambos ficaram prisioneiros das demandas por cargos e outros benefícios feitas por parlamentares em troca de seus votos. Esse modelo prevalece até hoje.

Durante o governo FHC houve o escândalo já mencionado em torno da aprovação de emenda da reeleição. Durante o governo Lula, vieram à tona denúncias de que parlamentares recebiam dinheiro, mensalmente, para favorecer a aprovação de iniciativas governamentais: o "Mensalão". O julgamento das denúncias do Mensalão foi penoso, mas ao menos se deu. A sociedade estava esgotada diante de tantas e tão reiteradas denúncias de corrupção desde o fim da ditadura militar. Pela primeira vez na história brasileira, acusações contra parlamentares e altas autoridades da República foram conduzidas com destemor pelo Supremo Tribunal Federal (STF). Líderes proeminentes foram condenados: José Dirceu, ex-líder estudantil que foi preso no congresso "clandestino" da UNE em Ibiúna em 1968 e que era, em 2005, o ministro-chefe da Casa Civil de Lula, foi denunciado como o mentor do Mensalão e condenado à prisão. José Genoíno, ex-guerrilheiro do Araguaia e que, em 2005, ocupava a presidência do PT, também foi denunciado, julgado e condenado pelo STF.

A sociedade assistiu indignada à denúncia de condutas corruptas que, entretanto, vinham de longa data. A visibilidade proporcionada pela democracia e pelas medidas saneadoras advindas da Constituição de 1988 e de leis aprovadas desde então deram a impressão de que a corrupção era algo novo. O tema se tornaria muito debatido pela sociedade brasileira e, desde então, enfrentamos a questão, muitas vezes reduzida a sua dimensão ético-moral, quando, na verdade, diz respeito a problema estrutural, referido à configuração política brasileira, que admite com facilidade a formação de inúmeros partidos e tem regras lenientes no que diz respeito ao financiamento das campanhas eleitorais – mais caras aqui do que em muitos países de democracia tradicional. O pragmatismo político – que quase nunca se baseia em princípios éticos – turvaria a biografia de FHC, por conta do episódio da aprovação da emenda sobre a reeleição, e lançaria o PT em grave crise, pois o partido ficou desacreditado. Lula, apesar dessas acusações, foi reeleito em 2006, como já dissemos.

Desde o século XIX, os historiadores têm muitas reservas em relação à História do Tempo Presente, especialidade que, como diz seu nome, estuda o período em que vivemos, o tempo mais recente. Como seria possível manter algum grau de objetividade em relação a fatos que estamos vivenciando, em relação aos quais estamos todos comprometidos? Esse é um problema clássico da História do Tempo Presente e, como já disse, "compartilhar reflexões e evidências empíricas, sem receio de enfrentar problemas complexos, mas também com a cautela que eles exigem – esse parece ser o único caminho para um bom entendimento".

Aspecto significativo é o enfrentamento recente dos passivos deixados pelo regime militar. Dez anos após o fim da ditadura, em 1995, Fernando Henrique Cardoso implementou medida muito importante no âmbito do que costuma ser chamado de "justiça de transição": ele criou a Comissão sobre Mortos e Desaparecidos. Embora tivesse incumbência relativamente simples – reconhecer como mortos os desparecidos durante a ditadura militar –, sua criação demandou muita negociação com os militares, sempre temerosos de qualquer revanchismo. Para muitas pessoas, o fato de não ter o atestado de óbito de seus maridos, mulheres, pais, mães ou filhos, além do natural trauma decorrente dessa situação, criava problemas práticos diversos, referidos a espólios, por exemplo.

Essa modalidade especial da justiça, fortemente marcada pela política, tem a incumbência de promover a reparação das vítimas de regimes arbitrários, de buscar a verdade e a defesa da memória dos vencidos, de reformar as instituições do Estado que possibilitaram as violações dos direitos humanos e de restabelecer a igualdade dos indivíduos perante a lei. Ela existiu em muitos países que viveram os chamados "eventos traumáticos", sendo emblemático o que se deu em relação às violações dos direitos humanos durante a Segunda Guerra Mundial, sobretudo com o Holocausto. Os julgamentos de Nuremberg inspiram essas iniciativas, mas, ao contrário deles, a justiça de transição não costuma ser militar e internacional, como ocorreu na cidade alemã. Desde então, muitas iniciativas de reparação foram implementadas por países que viveram graves violações dos direitos humanos, sendo muito conhecidas as experiências da África do Sul, com sua Comissão da Verdade e da Reconciliação, que atuou entre 1995 e 1998, liderada pelo bispo Desmond Tutu, e da Argentina, a Comissão Nacional sobre o Desaparecimento de Pessoas, que atuou entre 1983 e 1984, sob a presidência do famoso escritor Ernesto Sabato.

No Brasil, depois da Comissão sobre Mortos e Desaparecidos, veio a Comissão da Anistia, criada em 2001. Essa comissão tinha o propósito de conceder indenizações financeiras às vítimas da ditadura militar. Inicialmente, ela adotou modelo problemático de cálculo das indenizações, concedendo valores vultosos que geraram polêmica na sociedade e foram pejorativamente chamados de "bolsa ditadura". A fórmula de cálculo foi corrigida e a Comissão da Anistia ampliou seu escopo, fazendo cerimônias públicas para pedir perdão, em nome do Estado, pelos erros por ele cometidos durante o regime militar.

Em 2011, foi criada a Comissão Nacional da Verdade (CNV), com a incumbência de apurar as violações contra os direitos humanos ocorridas durante o regime militar. A CNV enfrentou muitas dificuldades, teve um perfil marcado pela composição que privilegiou juristas, não contou com a liderança de personalidade amplamente reconhecida pela sociedade (como ocorreu com as comissões da África do Sul e da Argentina) e chegou ao final de seus trabalhos incompleta, pois um de seus integrantes renunciou. Apesar de todos os percalços que enfrentou, a CNV teve algum significado, inclusive por sua simples existência. Mais do que seu relatório final – que, se não traz grandes revelações e é bastante heterogêneo, ao menos sistematiza muitas informações sobre o período –, sua criação inspirou o surgimento de outras, estaduais e locais, que prosseguiram trabalhando após o término dos trabalhos da CNV no final de 2014.

Em paralelo, a atuação da CNV fomentou grandes trabalhos de investigação promovidos pela imprensa brasileira. Revelações de eventos obscuros foram conseguidas por repórteres, inclusive em função da rememoração dos 50 anos do golpe de 1964, em 2014.

Para setores da esquerda, a transição brasileira, fundada no pacto que a Lei de Anistia de 1979 expressa, foi frustrante, sobretudo por não ter chegado ao julgamento dos responsáveis pelos crimes de violações dos direitos humanos. Ao contrário da Argentina, que julgou e puniu as juntas militares que presidiram a ditadura militar, o Brasil jamais chegaria a punir militares ou civis brasileiros que atuaram no regime militar.

Para muitos brasileiros, entretanto, esse modelo de transição parece ser adequado. Não é incomum ouvirmos a defesa da tese da "equivalência", segundo a qual, se os militares devem ser punidos, também a esquerda revolucionária deveria ser julgada. Trata-se de polêmica política que repousa em alguns equívocos: como já dissemos no capítulo "Rumo à democracia", os sobreviventes da esquerda revolucionária já foram julgados e punidos. Ademais, não foram apenas os militares que patrocinaram a repressão: civis também foram coniventes com a tortura. Um dos exemplos mais tristes refere-se àqueles que deveriam promover a Justiça e proteger os cidadãos. Desembargadores, juízes que recebiam os prisioneiros políticos, provindos dos "porões da ditadura", comprovadamente torturados – o que se via não apenas nos exames de corpo de delito, mas também nas condições físicas dessas pessoas –, incorporavam tais vítimas na formalidade do sistema jurídico e as encaminhavam para penitenciárias, vistas, por esses "réus", como espaço isento de tortura. De fato, no sistema prisional legal não prevaleciam as barbaridades perpetradas no espaço clandestino dos DOI-Codis. Entretanto, não era incomum que, tempos depois, os algozes dos "porões da ditadura" requisitassem essas pessoas para novos interrogatórios: mandá-las de volta aos seus torturadores para novas torturas? Isso foi feito por alguns juízes. Muitos outros exemplos poderiam ser citados.

O enfrentamento dos passivos deixados pela ditadura militar tem sido feito, no Brasil, de maneira frustrante para a esquerda, mas parece atender à velha tradição de conciliabilidade que marca a cultura política de nosso país.

Em 2013, os restos mortais de João Goulart foram levados a Brasília, com honras militares que Jango não recebeu quando de sua morte. Exames conduzidos por junta internacional de especialistas concluiriam ser impossível determinar se Jango fora envenenado – suspeita que sempre pairou no ar. A cerimônia, entretanto, pareceu ser o reconhecimento, pelo Estado, da negatividade do golpe de 1964. Também em 2013, o Senado anulou a sessão durante a qual foi declarada a vacância do cargo de presidente da República em 1964, como vimos no capítulo "Desenvolvimento e retrocesso". O reconhecimento dos erros do passado e gestos simbólicos como esses parecem indicar os limites da justiça de transição no Brasil. Com o passar do tempo,

a possibilidade de revisão da Lei de Anistia de 1979, que perdoou os torturadores, se torna supérflua, em função da morte dos possíveis culpados.

Se superamos a ditadura e caminhamos em direção à justiça social
e à estabilidade econômica, por que intitulo este capítulo "A democracia
sob teste"? Ainda corremos riscos? Como já disse, não me parece que haja
espaços para golpes militares ou que a sociedade admita aventuras econômicas. Entretanto, ainda convivemos com muitas dificuldades que proble-
matizam a experiência democrática. A desigualdade social persiste, apesar
dos avanços dos últimos anos. Os serviços públicos são insatisfatórios,
especialmente quando se pensa na saúde e na educação, não obstante o SUS
venha sendo aprimorado, embora lentamente, bem como procedimentos
de avaliação do sistema educacional denunciem os problemas que devem
ser superados. O despreparo do policiamento ostensivo, extremamente
militarizado desde a ditadura, torna a convivência urbana um desafio ante
a violência, ressaltando não apenas a brutalidade e incapacidade dos policiais, mas também o caráter violento e autoritário da própria sociedade,
que, frequentemente, admite o tratamento desumano dos criminosos. A
mortandade de jovens é impressionante: como denunciou a Anistia Internacional, "em 2012, 56.000 pessoas foram assassinadas no Brasil. Destas,
30.000 são jovens entre 15 a 29 anos e, desse total, 77% são negros. A
maioria dos homicídios é praticada por armas de fogo, e menos de 8%
dos casos chegam a ser julgados". O que mais chama a atenção é que essa
brutalidade cotidiana não é notícia, não parece chocar a sociedade.

Muitos acham que a História é o "tribunal da verdade". Cícero, o
grande filósofo da Antiguidade, disse que nossa disciplina é "a testemunha
dos tempos, a luz da verdade, a vida da memória, a mestra da vida": será realmente possível aprender com os erros do passado para corrigir o presente
e definir os rumos do futuro? Essa pretensão parece desmedida. Mas a
trajetória de superação de problemas e de enfrentamento de novos desafios
é a marca constante – ousaríamos dizer eterna? – da história universal.
Não conhecemos a verdade absoluta sobre o passado, mas os vestígios que
ele deixa nos ajudam a refletir. Por certo, é ainda mais difícil refletir de
maneira conscienciosa sobre episódios tão recentes, como os que marcam
a história do Brasil desde o suicídio de Getúlio Vargas. Aliás, o esforço de
síntese que fizemos neste livro demandou opções – exclusões e silêncios
sobre tantas questões essenciais: o leitor benevolente precisará recorrer a
leituras suplementares.

Esse esforço começou com a história do navio Tamandaré – aquele episódio denunciador de nossas incertezas e fragilidades institucionais no início do século xx. O navio é sempre uma grande metáfora. Cecília Meireles, nas primeiras estrofes de seu poema "Canção", alude de maneira surreal ao naufrágio dos sonhos:

> Pus o meu sonho num navio
> e o navio em cima do mar;
> – depois, abri o mar com as mãos,
> para o meu sonho naufragar.
>
> Minhas mãos ainda estão molhadas
> do azul das ondas entreabertas,
> e a cor que escorre dos meus dedos
> colore as areias desertas.
>
> O vento vem vindo de longe,
> a noite se curva de frio;
> debaixo da água vai morrendo
> meu sonho, dentro de um navio...

Como já disse, ao historiador não cabe fazer predições. Deveríamos ser objetivos e neutros. Mas como seria possível a atitude de neutralidade quando falamos de nosso próprio destino? A História do Tempo Presente sempre traz esse desafio: falamos de interpretações em disputa, de memórias compartilhadas. Mas essa história tão difícil de realizar tem uma vantagem sobre as demais especialidades que lidam com tempos pretéritos e personagens ausentes: a História do Tempo Presente lida com o apaixonante mundo dos vivos.

O Brasil ainda enfrenta problemas graves. O desânimo pode se abater sobre aqueles que se cansam diante da morosidade com que soluções óbvias são implementadas por causa de interesses escusos tão facilmente identificáveis. Mas isso não deve ser motivo para desistirmos: vamos abandonar nossas pretensões de neutralidade e afirmar as energias que, no fundo, nos movem a todos: não precisamos deixar nossos sonhos morrerem debaixo d'água dentro de um navio.

# Cronologia

## 1945

- **7 de abril** – Criação da UDN.
- **15 de maio** – Criação do PTB.
- **17 de julho** – Criação do PSD.
- **29 de outubro** – Posse de José Linhares, presidente do STF, na Presidência da República, depois da deposição de Getúlio Vargas e do consequente fim da ditadura do Estado Novo.

## 1946

- **31 de janeiro** – Posse de Eurico Gaspar Dutra na Presidência da República.

## 1950

- **3 de outubro** – Eleições presidenciais dão vitória a Getúlio Vargas (PTB). Café Filho (PSP) é eleito vice-presidente.

## 1951

- **31 de janeiro** – Posse de Getúlio Vargas na Presidência da República.

# 1954

- **8 de fevereiro** – Oficiais superiores criticam o governo com o "Manifesto dos Coronéis".
- **5 de agosto** – Atentado contra Carlos Lacerda.
- **24 de agosto** – Suicídio de Getúlio Vargas. O vice-presidente, Café Filho, assume a Presidência da República.

# 1955

- **5 de agosto** – Discurso do general Canrobert Pereira da Costa atacando indiretamente a candidatura de Juscelino Kubitschek à Presidência da República.
- **3 de outubro** – Eleições presidenciais dão vitória à chapa de Juscelino Kubitschek (PSD) e de João Goulart (PTB).
- **1º de novembro** – Discurso do coronel Jurandir de Bizarria Mamede criticando indiretamente a posse de Juscelino Kubitschek.
- **8 de novembro** – Posse de Carlos Luz na Presidência da República em função de afastamento por motivo de saúde de Café Filho.
- **10 de novembro** – O presidente Carlos Luz recusa-se a punir o coronel Mamede por seu discurso, como havia solicitado o ministro da Guerra, general Lott.
- **11 de novembro** – O ministro da Guerra, general Lott, afasta o presidente Carlos Luz visando à garantia da posse do presidente eleito, Juscelino Kubitschek.
- **11 de novembro** – Nereu Ramos, vice-presidente do Senado, assume a Presidência da República.

# 1956

- **31 de janeiro** – Posse de Juscelino Kubitschek na Presidência da República.
- **10 de fevereiro** – Revolta de Jacareacanga.

# 1959

- **junho** – Juscelino Kubitschek rompe com o FMI.
- **2 de dezembro** – Revolta de Aragarças.

# 1961

- **31 de janeiro** – Posse de Jânio Quadros na Presidência da República.
- **13 de agosto** – O vice-presidente João Goulart chega a Pequim em missão oficial de viagem à China comunista por orientação do presidente Jânio Quadros.

- **25 de agosto** – Renúncia de Jânio Quadros.
- **27 de agosto** – Em defesa da posse de João Goulart, o governador do Rio Grande do Sul, Leonel Brizola, inicia a Rede da Legalidade.
- **28 de agosto** – Ministros militares declaram-se contrários à posse de João Goulart.
- **2 de setembro** – Instituído o sistema parlamentar de governo como resultado do acordo que possibilitaria a posse do vice-presidente João Goulart.
- **7 de setembro** – Posse de João Goulart na Presidência da República como chefe de Estado, mas não de governo.

## 1963

- **6 de janeiro** – Plebiscito não confirma a instituição do parlamentarismo.
- **24 de janeiro** – Retorno ao sistema presidencialista de governo, após plebiscito realizado no dia 6 que não referendou o parlamentarismo.
- **12 de maio** – Manifestação no Rio de Janeiro de suboficiais, sargentos e cabos pelo direito de serem eleitos.
- **24 de agosto** – Goulart afirma intenção de liderar campanha popular para "forçar Congresso a se curvar à realidade".
- **11 de setembro** – Suboficiais, sargentos e cabos tomam prédios em Brasília e prendem autoridades.
- **30 de setembro** – Carlos Lacerda dá entrevista a jornal norte-americano afirmando que o governo Goulart não chegará ao fim de seu mandato.
- **4 de outubro** – João Goulart envia pedido de decretação de estado de sítio ao Congresso Nacional, mas, diante da impossibilidade de sua aprovação, recua e retira o pedido no dia 7.
- **29 de novembro** – Leonel Brizola propõe a criação dos Grupos de 11 Companheiros ou Comandos Nacionalistas com o propósito de combater o golpe "venha de onde vier".

## 1964

- **13 de março** – Comício da Central do Brasil também conhecido como "Comício das Reformas".
- **15 de março** – Goulart envia mensagem ao Congresso Nacional falando da "necessidade imperiosa de reformas estruturais e institucionais".

- **19 de março** – Marcha da Família, com Deus, pela Liberdade em São Paulo, espécie de resposta ao Comício da Central.
- **20 de março** – O chefe do Estado-Maior do Exército, general Castelo Branco, divulga circular reservada entre seus subordinados contra João Goulart.
- **25 de março** – Revolta dos Marinheiros liderada pela Associação dos Marinheiros e Fuzileiros Navais na sede do Sindicato dos Metalúrgicos do Rio de Janeiro.
- **28 de março** – O marechal Denys reúne-se com o governador Magalhães Pinto no aeroporto de Juiz de Fora (MG) e o convence de que Jango tinha planos de fazer uma reforma constitucional no dia 1º de maio, iminência de um golpe que instauraria suposta "república sindicalista". Com o apoio do comandante da PM, Magalhães autoriza a movimentação de tropas que resultaria no golpe de 31 de março.
- **30 de março** – João Goulart faz discurso denunciando críticas ao seu governo durante festa dos sargentos da Polícia Militar.
- **30 de março** – 12º Regimento de Infantaria, sediado em Belo Horizonte, sob comando do coronel Dióscoro Gonçalves do Valle, entrou em ordem de marcha, por determinação do general Guedes, iniciando o golpe de 1964.
- **31 de março** – Inicia-se o deslocamento de tropas comandadas pelo general Mourão Filho em Juiz de Fora (MG) em direção ao Rio de Janeiro, tendo em vista a deposição do presidente da República.
- **1º de abril** – João Goulart segue do Rio de Janeiro para Brasília.
- **2 de abril** – General Costa e Silva autonomeia-se comandante em chefe do Exército Nacional e organiza o Comando Supremo da Revolução.
- **2 de abril** – Marcha da Família, com Deus, pela Liberdade no Rio de Janeiro.
- **2 de abril** – O Congresso Nacional declara vaga a Presidência da República. Posse do presidente da Câmara dos Deputados, Ranieri Mazzilli, na Presidência da República.
- **4 de abril** – O nome do general Castelo Branco é indicado para a Presidência da República pelos líderes do golpe.
- **9 de abril** – Decretado o Ato Institucional que confere ao presidente da República poderes para cassar mandatos eletivos e suspender direitos políticos até 15 de junho de 1964, entre outros poderes discricionários.
- **15 de abril** – Castelo Branco é empossado na Presidência da República.
- **13 de junho** – Criação do SNI (Serviço Nacional de Informações).
- **22 de julho** – Prorrogado o mandato do marechal Castelo Branco até 15 de março de 1967, sendo adiadas as eleições presidenciais para outubro de 1966.

# 1965

- **3 de outubro** – A oposição vence as eleições para governadores em Minas Gerais e na Guanabara.
- **5 de outubro** – Militares da linha dura manifestam-se contra a posse dos governadores de oposição eleitos.
- **27 de outubro** – Ato Institucional n. 2 extingue os partidos existentes, atribui à Justiça Militar o julgamento de civis acusados de crimes contra a segurança nacional e confere ao presidente da República poderes para cassar mandatos eletivos e suspender direitos políticos até 15 de março de 1967.

# 1966

- **24 de março** – Criação do MDB (Movimento Democrático Brasileiro).
- **4 de abril** – Criação da Arena (Aliança Renovadora Nacional).
- **3 de outubro** – Costa e Silva é eleito presidente da República pelo Congresso Nacional.

# 1967

- **15 de março** – Posse de Costa e Silva na Presidência da República.

# 1968

- **15 de janeiro** – Decreto n. 62.119 cria a Assessoria Especial de Relações Públicas (Aerp) incumbida da propaganda política do regime.
- **28 de março** – O estudante Edson Luís de Lima Souto é morto durante conflito com a Polícia Militar no restaurante Calabouço no Rio de Janeiro (RJ).
- **16 de abril** – Greve em Contagem (MG) se inicia na siderúrgica Belgo-Mineira.
- **26 de junho** – Passeata dos Cem Mil.
- **16 de julho** – Greve de Osasco (SP) se inicia com a ocupação da metalúrgica Cobrasma.
- **22 de julho** – Atentado à bomba contra a Associação Brasileira de Imprensa (ABI).
- **2 e 3 de setembro** – O deputado federal pelo MDB do estado da Guanabara, Márcio Moreira Alves, faz discursos críticos em relação ao Exército que seriam usados como pretexto para a decretação do AI-5.
- **12 de outubro** – Prisão de estudantes no XXX Congresso da União Nacional dos Estudantes (UNE) em Ibiúna (SP).

- **8 de novembro** – Ministros militares ameaçam renunciar caso a Câmara dos Deputados negue pedido de licença para processar o deputado Márcio Moreira Alves.
- **12 de dezembro** – Câmara dos Deputados rejeita pedido de suspensão das imunidades parlamentares de Márcio Moreira Alves.
- **13 de dezembro** – Decretado o Ato Institucional n. 5 que tornou permanentes os poderes arbitrários atribuídos, a partir de então, ao presidente da República. O Congresso Nacional foi posto em recesso.

## 1969

- **1º de julho** – Criação da Operação Bandeirantes (Oban), embrião da polícia política conhecida como Sistema DOI-Codi que seria implantada em todo o país nos moldes da Oban.
- **29 de agosto** – Costa e Silva sofre um derrame cerebral.
- **31 de agosto** – Junta Militar, formada pelos ministros militares, assume o poder em função da doença de Costa e Silva, impedindo a posse do vice-presidente da República que não concordara com o Ato Institucional n. 5.
- **4 de setembro** – Sequestro do embaixador dos Estados Unidos, Charles Elbrick.
- **5 de setembro** – O Ato Institucional n. 13 estabelece a pena de banimento do território nacional e o Ato Institucional n. 14 estabelece a pena de morte.
- **30 de outubro** – Posse do general Emílio Garrastazu Médici na Presidência da República, já que fora caracterizada a incapacitação definitiva de Costa e Silva.

## 1970

- **21 de junho** – A seleção brasileira de futebol ganha, no México, a Copa do Mundo Fifa 1970, tornando o Brasil tricampeão mundial na categoria e possibilitando, por isso, a posse definitiva da taça Jules Rimet.

## 1973

- **23 de setembro** – O presidente do MDB, Ulisses Guimarães, lança-se "anticandidato" à Presidência da República para denunciar o Colégio Eleitoral.

## 1974

- **15 de janeiro** – Eleição do general Ernesto Geisel pelo Colégio Eleitoral.
- **15 de março** – Posse do general Ernesto Geisel na Presidência da República.

- **15 de novembro** – MDB consegue resultados expressivos nas eleições para o Congresso Nacional, conquistando 16 cadeiras no Senado e 160 na Câmara, contra 6 e 204 da Arena.

## 1975

- **25 de outubro** – Após ser torturado, morre o jornalista Vladimir Herzog em dependência do II Exército.

## 1976

- **17 de janeiro** – Morte do operário Manuel Fiel Filho em dependências do II Exército. Ernesto Geisel exonera o general Ednardo D'Ávila Melo do comando do II Exército em função das mortes de Vladimir Herzog e de Manuel Fiel Filho.
- **14 de junho** – Aprovada a "Lei Falcão" que impunha severas restrições à propaganda eleitoral na TV.

## 1977

- **1º de abril** – Decretado o recesso do Congresso Nacional por 14 dias. Durante o período, Ernesto Geisel edita uma série de medidas conhecidas como "Pacote de Abril".
- **12 de outubro** – Geisel demite seu ministro do Exército, o general linha-dura Sylvio Frota, que pretendia candidatar-se à Presidência da República.

## 1978

- **12 de maio** – Greve dos metalúrgicos de São Bernardo do Campo projeta nacionalmente Luiz Inácio da Silva, o Lula.
- **13 de outubro** – A Emenda Constitucional n. 11 declara extintos os poderes discricionários estabelecidos pelo AI-5 e demais legislação repressiva e cria as "medidas de emergência" e o "estado de emergência".
- **15 de outubro** – O Colégio Eleitoral referenda o nome do general João Figueiredo para presidente da República.
- **2 de novembro** – I Congresso Nacional da Anistia consolida o princípio da "Anistia Ampla, Geral e Irrestrita".

## 1979

- **15 de março** – Posse do general João Batista de Oliveira Figueiredo na Presidência da República.
- **28 de agosto** – Lei da Anistia.
- **20 de dezembro** – Fim do bipartidarismo.

## 1980

- **10 de fevereiro** – Criação do PT (Partido dos Trabalhadores).
- **12 de maio** – Ivete Vargas consegue o registro da legenda do PTB (Partido Trabalhista Brasileiro).
- **25 de maio** – Leonel Brizola cria o PDT (Partido Democrático Trabalhista).
- **27 de agosto** – Carta-bomba explode na sede da OAB e mata a secretária Lyda Monteiro. Desde janeiro, diversas bombas explodiram ou foram encontradas no país.
- **13 de novembro** – O Congresso Nacional restabelece as eleições diretas para governador e extingue as eleições indiretas para parte do Senado (criando o "senador biônico").

## 1981

- **30 de abril** – Integrantes do DOI do I Exército explodem acidentalmente uma bomba que planejavam usar num atentado durante show de música no Riocentro (RJ).

## 1982

- **15 de novembro** – Oposição conquista o governo dos principais estados da Federação: Leonel Brizola, pelo PDT, no Rio de Janeiro; Franco Montoro, pelo PMDB, em São Paulo; e Tancredo Neves, também pelo PMDB, em Minas Gerais.

## 1983

- **5 de abril** – Manifestantes derrubam as grades do Palácio dos Bandeirantes, em São Paulo, onde governadores de oposição estavam reunidos.

## 1984

- **10 de abril** – Comício da Campanha das Diretas no Rio de Janeiro.
- **16 de abril** – Comício da Campanha das Diretas em São Paulo.

- **25 de abril** – Congresso Nacional rejeita emenda que estabelecia eleições diretas para presidente da República.
- **11 de junho** – PDS rejeita proposta de seu presidente, José Sarney, de realizar consultas internas para a escolha do candidato à Presidência da República. Sarney renuncia ao cargo.
- **3 de julho** – Criação da Frente Liberal, dissidência do PDS, que passa a apoiar a candidatura de Tancredo Neves formando a "Aliança Democrática" com o PMDB.

## 1985

- **15 de janeiro** – Eleição pelo Colégio Eleitoral do primeiro presidente civil, Tancredo Neves, após o golpe de 1964.
- **15 de março** – Posse do vice-presidente José Sarney na Presidência da República em função de doença de Tancredo Neves.
- **21 de abril** – Morte de Tancredo Neves.

## 1986

- **28 de fevereiro** – Lançamento do Plano Cruzado para combater a inflação.
- **15 de novembro** – Eleições consagram o PMDB em função das promessas do Plano Cruzado.
- **21 de novembro** – Governo adota medidas impopulares conhecidas como Cruzado II, o que vinha negando que faria para não ter mau desempenho nas eleições.

## 1987

- **16 de junho** – Lançamento do Plano Bresser para combater a inflação.

## 1988

- **25 de junho** – Criação do PSDB (Partido da Social Democracia Brasileira).

## 1989

- **16 de janeiro** – Lançamento do Plano Verão para combater a inflação.
- **14 de dezembro** – Debate entre os candidatos à Presidência da República, Fernando Collor e Luiz Inácio Lula da Silva, recebe edição tendenciosa da Rede Globo em favor de Fernando Collor.

# 1990

- **15 de março** – Posse de Fernando Collor na Presidência da República.
- **16 de março** – Plano Collor determina o bloqueio de todos os depósitos em contas correntes e aplicações.
- **10 de abril** – Imprensa divulga que a inflação de março superou 80%.

# 1992

- **27 de maio** – Entrevista do irmão do presidente, Pedro Collor, denunciando a existência de amplo esquema de corrupção liderado pelo tesoureiro da campanha de Fernando Collor, Paulo César Farias, o "PC Farias".
- **29 de setembro** – Câmara dos Deputados autoriza a abertura do processo de *impeachment* contra Fernando Collor no Senado.
- **1º de outubro** – Senado instaura processo de *impeachment* contra Collor, que foi afastado do cargo até o julgamento final.
- **29 de dezembro** – Senado afasta Fernando Collor da Presidência da República. O vice-presidente, Itamar Franco, assume a Presidência da República.

# 1993

- **19 de maio** – Fernando Henrique Cardoso assume o Ministério da Fazenda e inicia a elaboração do Plano Real.

# 1994

- **1º de março** – Criação da Unidade Real de Valor (URV) no contexto do Plano Real.
- **3 de outubro** – Fernando Henrique Cardoso é eleito presidente da República.

# 1995

- **1º de janeiro** – Posse de Fernando Henrique Cardoso na Presidência da República.

# 1999

- **1º de janeiro** – Posse de Fernando Henrique Cardoso na Presidência da República para o seu segundo mandato.
- **15 de janeiro** – Banco Central anuncia o fim do câmbio fixo.

## 2000

- **4 de maio** – Aprovação da Lei de Responsabilidade Fiscal.

## 2002

- **22 de junho** – Lula divulga uma "Carta ao Povo Brasileiro" garantindo respeito aos contratos e obrigações do país.

## 2003

- **1º de janeiro** – Posse de Luiz Inácio Lula da Silva na Presidência da República.

## 2007

- **1º de janeiro** – Posse de Luiz Inácio Lula da Silva na Presidência da República para o seu segundo mandato.

# Sugestões de leitura

A bibliografia acadêmica sobre o período que este livro abrange é muito grande e, infelizmente, nem sempre acessível ao grande público, pois muitas teses de doutorado e dissertações de mestrado, defendidas nos inúmeros programas de pós-graduação em História existente no país, são inéditas, isto é, não foram publicadas sob a forma de livro.

Isso realmente é uma pena, porque, frequentemente, esses trabalhos acadêmicos são de muito boa qualidade e abordam aspectos específicos de grande interesse. Por exemplo, como repercutiu, em dada região do Brasil, o golpe de 1964? E o impacto regional do fim do pluripartidarismo em 1965? Do mesmo modo, qual foi o significado histórico de eventos culturais ou processos sociais – que neste livro abordamos tão pouco – como os Centros Populares de Cultura (CPCs) ou as manifestações feministas? Tudo isso está razoavelmente coberto por teses e dissertações relativamente difíceis de acessar. Mas não é impossível: o leitor persistente poderá obtê-las buscando os sites dos programas de pós-graduação em História que, habitualmente, disponibilizam na íntegra suas teses e dissertações.

Essa observação inicial é importante para compreendermos a defasagem que há entre a produção historiográfica acadêmica e sua disseminação social, tanto por meio de livros didáticos, quanto através de livros voltados para o grande público: no Brasil, raramente um pesquisador universitário se dedica à redação de livros dessa natureza, entendidos, muitas vezes, como panoramas superficiais. Desse modo, temos produção muito qualificada nos programas de pós-graduação que, infelizmente, não atinge o grande público nem a educação básica.

Muitas obras publicadas disponíveis poderiam ser indicadas. Na impossibilidade de listar todas, recomendo algumas que me parecem mais significativas.

Para uma narrativa empírica bem documentada do período que se estende da Era Vargas ao golpe de 1964, pode-se consultar o livro de Thomas Skidmore, *Brasil: de Getúlio a Castelo* (Rio de Janeiro, Saga, 1969). Ele também publicou trabalho com a mesma característica abrangendo o regime militar: *Brasil: de Castelo a Tancredo* (Rio de Janeiro, Paz e Terra, 1989).

As boas biografias sempre me parecem uma leitura agradável e esclarecedora. O jornalista Lira Neto publicou, em três volumes, excelente pesquisa sobre a vida de Getúlio Vargas: *Getúlio 1882-1930: dos anos de formação à conquista do poder* (São Paulo, Companhia das Letras, 2012); *Getúlio 1930-1945: do governo provisório à ditadura do Estado Novo* (São Paulo, Companhia das Letras, 2013); e *Getúlio 1945-1954: da volta pela consagração popular ao suicídio* (São Paulo, Companhia das Letras, 2014). O historiador Daniel Aarão Reis Filho acompanhou a trajetória do líder comunista Luís Carlos Prestes com visão crítica e serena em seu *Luís Carlos Prestes: um revolucionário entre dois mundos* (São Paulo, Companhia das Letras, 2014). Também é muito útil para a compreensão do período – como, aliás, já indiquei páginas atrás – a comparação das autobiografias de Roberto Campos e Celso Furtado, justamente pelas posições políticas opostas no enfrentamento dos impasses econômicos brasileiros. A autobiografia de Roberto Campos foi publicada em dois volumes e intitula-se *A lanterna na popa: memórias* (Rio de Janeiro, Topbooks, 1994). A de Celso Furtado, em três volumes, intitula-se *Obra autobiográfica* (Rio de Janeiro, Paz e Terra, 1997). Para a consideração das políticas econômicas adotadas em todo o período, deve-se consultar o excelente livro organizado por Marcelo de Paiva Abreu, *A ordem do progresso: cem anos de política econômica republicana* (Rio de Janeiro, Campus, 1990).

Questões teóricas fundamentais têm sido objeto de muita reflexão e debate. Uma delas é a noção de populismo, bastante controvertida, segundo a qual líderes como Getúlio Vargas, desprezando partidos, procuraram dirigir-se diretamente às massas populares por meio de manipulação política, ao mesmo tempo que lhes permitiam algum grau de autonomia. Boa introdução ao tema pode ser encontrada no livro organizado pelo historiador Jorge Ferreira, intitulado *O populismo e sua história: debate e crítica* (Rio de Janeiro, Civilização Brasileira, 2001).

Para o entendimento da trajetória dos três grandes partidos surgidos em meados dos anos 1940 e extintos pelo regime militar, deve-se consultar os livros de Maria Victoria Mesquita Benevides, *A UDN e o udenismo: as ambiguidades do liberalismo brasileiro* (Rio de Janeiro, Paz e Terra, 1981); de Lúcia Hippolito, *De raposas e reformistas: o PSD e a experiência democrática brasileira, 1945-64* (Rio de Janeiro, Paz e Terra, 1985); e de Angela de Castro Gomes, *A invenção do trabalhismo* (Rio de Janeiro, Iuperj, 1988).

Análise inicial dos governos de Juscelino Kubitschek e de Jânio Quadros pode ser obtida nos trabalhos de Maria Victoria de Mesquita Benevides: *O governo Kubitschek: desenvolvimento econômico e estabilidade política – 1956-1961* (Rio de Janeiro, Paz e Terra, 1976) e *O governo Jânio Quadros* (São Paulo, Brasiliense, 1981). Sobre João Goulart, há muita controvérsia: ele é visto como líder político bastante frágil pelo historiador Marco Antonio Villa em seu *Jango: um perfil* (São Paulo, Globo, 2004). Outras leituras podem ser encontradas na coletânea organizada por Marieta de Moraes Ferreira, *João Goulart: entre a memória e a história* (Rio de Janeiro, FGV, 2006), e no livro de Angela de Castro Gomes e Jorge Ferreira, *Jango: as múltiplas faces* (Rio de Janeiro, FGV, 2007).

O regime militar vem sendo bastante estudado. Para uma compreensão geral do período, há os livros do jornalista Elio Gaspari, que os redigiu a partir de documentação inédita. Foram publicados em quatro volumes e se intitulam *A ditadura envergonhada, A ditadura escancarada, A ditadura derrotada* e *A ditadura encurralada* (São Paulo, Companhia das Letras, 2002/2003). Também é interessante consultar os depoimentos dos militares colhidos por equipe do Centro de Pesquisa e Documentação de História Contemporânea do Brasil (CPDOC) da Fundação Getúlio Vargas e que foram publicados em três volumes organizados por Gláucio Ary Dillon Soares, Maria Celina D'Araujo e Celso Castro. O primeiro diz respeito ao golpe de 1964 e se intitula *Visões do golpe: a memória militar sobre 1964* (Rio de Janeiro, Relume-Dumará, 1994). O segundo trata da repressão: *Os anos de chumbo: a memória militar sobre a repressão* (Rio de Janeiro, Relume-

Dumará, 1994). E o terceiro cobre a abertura: *A volta aos quartéis: a memória militar sobre a abertura* (Rio de Janeiro, Relume-Dumará, 1995). As introduções são muito esclarecedoras. O livro de Marcos Napolitano, *1964: história do regime militar brasileiro* (São Paulo, Contexto, 2014), fornece um balanço histórico do período.

Eu mesmo venho me dedicando há muitos anos ao estudo do golpe de 1964 e da ditadura militar. Não será falta de modéstia indicar meus livros, até para que o leitor conheça melhor o autor. Em *O golpe de 1964: momentos decisivos* (Rio de Janeiro, FGV, 2014), faço uma apresentação sintética e em linguagem acessível do golpe de 1964. No livro *Reinventando o otimismo: ditadura, propaganda e imaginário social no Brasil* (Rio de Janeiro, FGV, 1997), estudo a propaganda política do regime militar. Em *Como eles agiam: os subterrâneos da ditadura militar* (Rio de Janeiro, Record, 2001), analiso o funcionamento do aparato de repressão, e com *O grande irmão: da Operação Brother Sam aos anos de chumbo* (Rio de Janeiro, Civilização Brasileira, 2008), busquei compreender a relação entre o governo norte-americano e o regime militar a partir de documentos dos EUA. Em meu livro *Além do golpe: versões e controvérsias sobre 1964 e a ditadura militar* (Rio de Janeiro, Record, 2004), analiso a historiografia sobre o período e publico um guia bibliográfico bastante detalhado.

Para a análise da luta armada, há o livro do historiador marxista autodidata Jacob Gorender. Não obstante tenha sido um militante comunista, Gorender conseguiu fazer, em *Combate nas trevas: a esquerda brasileira – das ilusões perdidas à luta armada* (São Paulo, Ática, 1987), uma análise muito equilibrada da esquerda revolucionária. Sobre o tema, também será útil ler as biografias de Alfredo Sirkis, *Os carbonários: memórias da guerrilha perdida* (Rio de Janeiro, Global, 1980) e de Fernando Gabeira, *O que é isso, companheiro?* (Rio de Janeiro, Codecri, 1981).

O período mais recente ainda carece de estudos históricos aprofundados. Alguns jornalistas têm suprido essa lacuna com bons trabalhos. Por exemplo, a Campanha das Diretas pode ser acompanhada no livro de Ricardo Kotscho, *Explode um novo Brasil: diário da Campanha das Diretas* (São Paulo, Brasiliense, 1984). A caótica sucessão de planos econômicos que tentaram debelar a inflação após o regime militar foi narrada no excelente *Saga brasileira: a longa luta de um povo por sua moeda* (Rio de Janeiro, Record, 2011), de Miriam Leitão.

**GRÁFICA PAYM**
Tel. [11] 4392-3344
paym@graficapaym.com.br